福祉の職場の
マナーガイドブック

■ はじめに

福祉の職場へようこそ

　この本は、はじめて社会人として福祉の仕事に就くことになった方がたに向けて、最初に身につけてほしい職場のマナーについてお伝えするものです。また、すでに社会人としての経験はあるけれど、はじめて福祉の仕事に就くことになった方がたに、職場のマナーを再確認いただける内容にもなっています。

　これをファーストステップとして、みなさんが福祉の職場で大きく成長されることを願っています。

　日本では、人口減少、大都市圏と地方の地域間格差、地域社会や家庭の機能の変化、さらには厳しい経済状況などから、高齢化や少子化、貧困、虐待などの課題がクローズアップされています。今や、福祉や介護といった言葉を新聞やニュースで見たり聞いたりしない日はないのではないでしょうか。

　福祉とは、それだけ私たちの生活に密着したものであり、少子高齢化の現代社会において、誰もが何らかのかたちで関わるものだといえるでしょう。

　こうした背景により、福祉にかかわる仕事が幅広くなっている一方、介護や保育の分野を筆頭に、福祉人材の不足が叫ばれています。福祉の仕事は大変でつらい、また給与などの処遇も低いというイメージがあるのではないでしょうか。

　しかし、福祉の仕事は、人が自分らしく生きていくことを支えるやりがいのある仕事です。AIなどと代わることができない、人と人とのコミュニケーションを必要とした仕事でもあり、仕事を通して人として大きく成長することができるすばらしいものです。

　みなさんは、まさに今、福祉の仕事を始めようとしています。その動機や思いはさまざまでしょうが、福祉に対する社会からの期待がこれからますます大きくなるなかで、永く仕事を続けていただきたいと思います。

福祉の仕事は、利用者の尊厳を守り、心身ともに健やかに自立した生活を営むことを支援する対人援助の仕事であることから、福祉に関わる人々のあり方が重要となります。もちろん、専門的な知識や技術に加え、専門職としての資格も求められますが、それらの学びとともに、職場のマナーを知っていることも必要です。

　「福祉の仕事になぜビジネスマナーが必要なの？」と思う人がいるかもしれません。しかし利用者の生活をサポートする際、きちんとしたマナーを身に付けて、利用者やその家族を不快にさせることなく、満足してもらえるサービスを提供することは、サービスの質のひとつと考えられます。

　ただし、マナーといっても、利用者を過剰に「お客様」として扱うことは福祉の現場では違和感を覚えます。もちろん利用者は、自分たちの施設やサービスを利用してくださるお客様ではありますが、施設はホテルではありません。利用者の生活の場であり、福祉サービス従事者は、施設という生活の場で、その人らしく生きていくための支援をしています。そのような場において、利用者と福祉サービス従事者の関係は、上下関係でもなく、一方的にお世話をする関係でもない、「対等」の関係であるといえるでしょう。

　マナーを大切に考えるのは、マナーが両者の関係を築く第一歩であるからです。福祉の専門職としてのプロ意識をもって利用者とのコミュニケーションを図るためにも、きちんとしたマナーを身に付けることから始めてみましょう。

　時代の流れのなかでは、仕事として求められる内容も変化しレベルアップしていきます。マナーの内容も同じように時代とともに変化しレベルアップを求められます。この本では基本的なビジネスマナーを紹介していますが、個々の職場の状況によっては実態と重ならない事柄もあるかもしれません。みなさんのそれぞれの職場の具体的場面に置き換えて、上司や先輩に教えてもらいながら考えてみてください。

2019 年 3 月

立石貴子

もくじ

はじめに ……………………………………………………………………… 2

1 プロローグ …………………………………………………… 7

働く意義を考える …………………………………………………… 8

社会人として必要な意識 …………………………………………… 9

職場には独自のルールがある ……………………………………12

ホウ・レン・ソウ（報告・連絡・相談）と指示の受け方 ………13

個人情報、法人情報の取り扱い …………………………………15

2 マナーの基本 …………………………………………………17

マナーとは ……………………………………………………………18

接遇と接客 ……………………………………………………………19

第一印象の重要性 …………………………………………………19

   ① 服装・身だしなみ ……………………………………………21

   ② 表情 ……………………………………………………………24

   ③ 立ち姿勢 ………………………………………………………25

   ④ あいさつ ………………………………………………………26

   ⑤ お辞儀 …………………………………………………………29

   ⑥ その他の行動 …………………………………………………30

聞こえ方の印象 ……………………………………………………32

3 言葉遣い …………………………………………………………35

職場での言葉遣い …………………………………………………36

基本の言葉遣い ……………………………………………………37

敬語の種類 …………………………………………………………37

   ① 尊敬語 …………………………………………………………38

   ② 謙譲語 …………………………………………………………38

   ③ 丁寧語 …………………………………………………………42

   ④ 美化語 …………………………………………………………43

職場で使う基本用語 ………………………………………………43

気遣いを表す表現 …………………………………………………44

   ① 肯定表現 ………………………………………………………45

4

②　依頼表現 ··· 45

③　クッション言葉 ··· 46

言葉遣いの NG 集 ·· 46

4　来客応対 ··· 49

来客応対の基本姿勢 ·· 50

来客応対の流れ ··· 51

①　受付時 ·· 51

②　取次時 ·· 51

③　ご案内 ·· 53

④　茶菓接待 ·· 55

⑤　お見送り ·· 57

名刺交換 ··· 57

5　電話応対 ··· 59

電話応対の基本姿勢 ·· 60

電話応対の心構え ·· 60

電話の受け方の基本 ·· 62

電話のかけ方の基本 ·· 63

携帯電話のマナー ·· 66

6　電子メールとファクシミリの基本 ······························· 69

電子メールの基本 ·· 70

ビジネスメールの基本構成 ·· 73

ファクシミリの基本 ·· 74

ファクシミリの基本構成 ··· 75

7　クレームや問い合わせの対応 ····································· 77

クレーム、苦情が起こる要因 ··· 78

①　事前期待と事後評価 ··· 78

②　クレームや苦情はお客様の声 ·································· 79

まずすべき行動 ··· 80

1　プロローグ

1　プロローグ

　この本を手に取る多くの方が、学生から社会人になる方がたと思い、プロローグを用意しました。社会人経験がある方でも、もう一度学校卒業時の自分を振り返り、その時考えていたこと、実社会に出て気づいたことなどを再認識するページとしてご活用いただければと思います。

　働く意義を考える　

　「社会に出て働くとは」を考えたことがありますか。お金のため？　生活のため？　自己実現のため？　一人ひとりがそれぞれに考えていることがあると思います。学校を出て働くのが当たり前と考える人も、みんながそうしているからと考える人も、働いて稼いで貯金をして何かをしたいという人も。

　働く意義とは、次のように考えられるでしょう。

❶生活の糧
　働いて、収入を得ることで日々の生活を自らの力で安定して維持、向上させていくことができます。

❷自己の成長
　一生懸命働くことで、直接的にも間接的にも人は人間的な成長を得られます。

・コミュニケーション能力が向上し、人間関係がスムーズになる
・困難な状況から逃げず、前向きに物事をとらえ、立ち向かえるようになる
・自分のことだけでなく、職場の上司や仲間、お客様や取引先など、他者のことも考えて行動するようになる
・職場で上司、仲間、お客様から信頼される仕事ができるようになる

❸人とのつながり

働くことで所属する組織だけではなく、利用者の方とその家族、取引先などとの出会いがあります。さまざまな人から多くの刺激を受け、学生時代とは違う学びがあります。

❹社会への貢献

「貢献」というと大げさに聞こえるかもしれませんが、働くことでさまざまな場面で、さまざまな事柄に貢献しているのです。日々の小さな仕事の積み重ねで職場内での貢献、福祉の仕事を通じて社会への貢献などが挙げられるでしょう。それがみなさんの働きがいや生きがいを得ることにつながっていくのです。

 ## 社会人として必要な意識

　現代は、モノや情報が世界中を瞬時に飛び交い、ITを含めたさまざまな技術も急速に進歩するなかで、人びとの暮らしや考え方、意識もめまぐるしく変化しています。企業も組織も、このような変化の激しい時代のなかで、人びとから選ばれ、生き残り、勝ち抜いて、成長発展していかなくてはなりません。

　これからみなさんは、それぞれの職場で上司や先輩に教えてもらいながら仕事を始めることになりますが、どのような職場でも、職種でも、仕事を遂行する上で必要となる意識があります。

　この仕事に就くときに必要となる意識を理解していないと、これから業務を続けるなかで「まあ、いいか」、「こんなものか」といった諦めの気持ちが出てしまい、モチベーションの低下につながることがあります。次の意識を常に持って働いていく必要があります。

❶顧客意識

　1980年代のアメリカで生まれた概念のCustomer Satisfaction（CS）と言われる「お客様（利用者）に満足していただくこと」が必要です。ただ単に親切に、礼儀正しく、笑顔で接するのではなく、利用者からの意見を現場ですくい上げ、そこから利用者が満足するサービスや商品を開発していくことが求められているのです。

❷品質意識

　利用者を満足させる第一条件は、利用者の期待通りのサービスを提供することです。利用者一人ひとりの違い、個性に合わせて個別の対応が必要な職場では、利用者が求める「期待通り」も

さまざま。まずは、教えてもらった手順で、間違いのない作業、仕事、サービスを利用者に提供できるようにすることです。

　一人で任される立場になってからは、自分の作業、仕事、サービスが本当に利用者に満足されているかどうかを自問自答しながら働きましょう。

❸時間意識

　学生の頃は自分の都合で休んだり、遅れたりすることが平気だった方もいるかと思います。職場での時間はサービスを提供する時間なので、迅速に手際よく、時間を有効に使うことが求められます。日々の時間管理、仕事の優先順位とそのスケジュール化、日常業務（ルーティンワーク）を翌日に持ち越さない、探し物に時間を取らない（整理整頓）などを意識します。

　また、与えられた業務の締切も、相手の都合を考える余裕が欲しいものです。ぎりぎりにただ単に締切時間に間に合わせるのでは、業務を依頼した人が検討したり修正する余裕がなくなり、品質が低下せざるを得ないことになってしまいます。締切から逆算したスケジュールを組み立てます。そのためには、その業務全体を理解することが必要になり、どのような手順で、自分一人で間に合うのか、他の助けを借りるべきなのかを考えたり、多面的に見ながら、その他の日常業務の量も考えて、余裕を持った時間配分でスケジュールを組む必要が出てきます。

❹コスト意識

　どのような職場も直接的に利益を生まない経費は、極力抑えるのが当たり前です。最小のコストで最大の効果を狙うのがこのコスト意識です。人を雇えば人件費、設備を購入すれば設備費、原材料を買えば材料費と業務を進めていく上でさまざまなコストがかかってきます。これらは、すべて必要な経費であると同時に、利益を圧迫するコストでもあります。

　職場で目にするものすべてにコストがかかっていることを再認識しましょう。改めて考えれば、道具や機械類、施設全般を丁寧に大切に使うことで、メンテナンスの経費が抑えられることも理解できるでしょう。

❺協調意識

　仕事は一人ではできません。誰もが組織の一員として役割を分担し、協力し合いながら仕事をなしえています。個人個人の日々の日常業務（ルーティンワーク）や細かい作業の積み重ねが、一つの大きな成果や組織の目標を築き上げるということを理解しながら、職場の周りの人と協調しながら毎日の仕事に取り組むことが大切です。

　日々の作業や仕事は、決していつも楽しいものばかりではありません。気の合う人とだけ、和気あいあいと楽しく仕事ができる職場ばかりでもありません。自分の周りの人と仕事の目標に向

かって、全員で理解、協調し合いながら、全員の力を合わせて作り上げていくものなのです。自身の間違いを指摘されたら素直に認め、その仲間のなかで必要な報告、連絡、相談を忘れずに組織の力の一員になれるよう努力していく意識を持ち続けてください。

❻改善意識

　誰にとってもやり慣れた仕方、手順が「とりあえず」一番だと思ってしまうものです。そのやり方を改めて、客観的に見るということは難しいものです。また、新しいことを行う、新しい方法に変えるということも、精神的に面倒だと思うことは自然なものです。

　しかし、仕事の条件や環境が変わってもそのままやり続けることでムダやムリが生じます。今までしていた方法で「まあ、いいか」と見直してみようという気持ちが起きにくくなるのです。仕事には、永遠に最善というものはありません。新しい方法を常に意識する、「より正確に仕事を進める方法は？」、「より安全な方法は？」、「より早くスムーズに仕事を進める方法は？」、「よりコストがかからない方法は？」などを日々の小さい作業の中でも意識することで、ムリ・ムダ・ムラを取り除くことが組織の中では大切です。

職場には独自のルールがある

　あなたが働く職場はどのような法人によって運営されていますか。すべての職場はさまざまな法人によって運営されています。福祉の現場に限ってみても、社会福祉法人、医療法人、株式会社など、多様な法人組織が運営していることがわかるでしょう。事業目的の違いにより、それぞれ名称が異なりますが共通していることは、継続して事業を展開しているということです。そのなかには、事業を通して収益を上げ、その収益をもとに経費や働く人の給与を支払うということも含まれます。

　こうした目的を達成するために、法人組織にはそれぞれ独自のルールが定められています。

　こうしたルールは社会人になるまで知ることのなかったものだと思います。最初は馴染みにくい面もあるかと思いますが、こうしたルールがある理由を理解し、慣れることが重要です。また、それぞれの職場には、働くにあたっての決まりや約束事を具体的に示した「就業規則」が用意されています。就業規則は、その法人・会社の使用者（経営者）が労働者（従業員）の労働条件や規律について定めたもので、働く人に提示し、それをもとに雇用契約を会社と労働者は結びます。始業・終業の時刻、休息時間、休日、休暇、給与、昇給に関する事項、退職・解雇に関する事項などが書かれているので、きちんと目を通しておくことが必要です。

法人組織の特徴

- 秩序だった行動がある
- メンバー間でコミュニケーションがある
- 仕事の分担が決められている
- 規則や規律がある
- トップ層（経営者層）や管理職層、一般職員層などの階層がある
- 責任、権限、義務がある
- 命令や報告などのルールが決められている

ホウ・レン・ソウ（報告・連絡・相談）と指示の受け方

　組織というものは、大勢の人が協力し合って仕事を進めていく場です。それをまとめ、正しい方向へ進めるためには、指示系統が必要です。その指示系統に従い、仕事の指示や命令が出されます。そこではじめて仕事がスタートし、報告をその指示者に行うことで仕事が完了するのです。日々の決まりきった日常業務（ルーティンワーク）は、通常この指示がなくても進めていき、細かい報告も必要ありませんが、上司や上席者の指示の意向に沿って効率的に仕事を進めることが必要です。よいチームワークがある組織は、一人ひとりがそれぞれの役割を果たし、仕事の指示を正しく理解し、わからないことは上司や先輩に相談し、必要事項を関係者に連絡しながら仕事を進めていきます。

　互いに忙しい場合などは、メールや LINE での報告や連絡も増えてきましたが、本人と会った時には口頭で必ず確認をすることを忘れないようにします。一方的に送りっぱなしでは、仕事が完了したことにはなりませんので、注意が必要です。

❶報　告

　指示・命令からはじまる仕事は、報告をすることで仕事の完了となります。報告のない仕事は終わったとみなされないので、小さなことでもきちんと「指示を出した本人に」報告をします。

・報告は聞かれる前に行う（「あれ、どうなった」と聞かれる前に報告する）
・報告は指示を出した人に対して行う
・悪い報告やミスやトラブルが起こった時ほど早く報告する
・作業に時間のかかる場合や結果が出るのに時間がかかる場合は、中間報告をする
・その仕事が終わった段階で、なるべく早く報告する
・細かいことでも自己判断せず、こまめに行う（多いと感じるぐらいで、上司は安心する）
・報告時は「○○の件でご報告がありますが、今お時間よろしいでしょうか」と相手の都合を聞く
・事実を端的にまとめて報告する

❷連　絡

　報告と連絡が混同されることがありますが、一般的に上司などに行うことが報告であり、他部

門や同僚間などの横の関係で行われるのが連絡です。仕事の情報や状況を互いに確認し合うために、連絡も組織の中では重要なことです。自分一人がわかっていればよいのではなく、チーム全体として把握が必要な内容は、連絡をし、共有することが必要です。

・一つの業務を複数の担当者で進める場合には、互いに密に連絡を取り合う
・社外で業務を行う場合は、予定した仕事が終わった段階で終了報告を行う（今後の予定や帰社予定時刻の連絡、不在時に自分への連絡の有無を確認）
・緊急の用事や体調不良でやむを得ず休む場合は、遅くとも始業の10分前に連絡を入れる。その際、重症でない限り自分で会社に連絡をする。メール等で「体調が悪いので休みます。すみません」という一方的な連絡は、社会人としては失格。翌日出勤したらすぐに上司や周囲の人にお詫びとお礼を言うことも忘れずに。

❸相　談

　自分だけで解決できないこと、どのように進めればよいかわからなくなったときなどは、ちゅうちょせずに経験豊富な上司や先輩に相談することが大切です。ただし、「結論」を相手に求めるのではなく、「ヒント」を教えてもらうつもりで相談しましょう。

・積極的に、相手の都合も考慮しながら相談する（例：「○○の件で、進め方についてご相談したいのですが、今お時間よろしいでしょうか」）
・具体的な内容を伝え相談に乗ってもらう。その際、漠然と「どうしたらいいでしょうか」と相談するのではなく、自分の考えも用意して聞くようにする

上司からの指示の受け方

① 名前を呼ばれたら、明るく「はい」と返事をして、メモを持って上司のところへ行く
② 「何を」、「いつまでに」など5W2Hを意識しながら、要点をメモする
　（わかりやすく指示を出してくれる方ばかりでもないため）
③ 社名、名前、品名、数量、時刻など重要な項目を聞き逃さない（復唱することも必要）
④ 指示は最後まで聞いてから、区切りの良いところで質問をする
⑤ 複数の指示が出たときは、優先順位を確認する

個人情報、法人情報の取り扱い

　「コンプライアンス」という言葉を聞いたことはありますか。一般的には「法令順守」と訳されます。監督官庁への贈収賄禁止など法律や規則を守ることにとどまらず、企業として不公正、不明瞭な取引活動を禁止することなどを指しています。ここまで聞いて、ニュースで有名な企業が会計面での不正や品質管理の不正で経営陣が謝罪会見をしている映像を思い出すのではないでしょうか。これは国際社会の競争のなかで、排除されないような企業行動が広く浸透した結果の一因でもあります。一見関係なさそうに感じるかもしれませんが、福祉の現場も例外ではありません。社会の一員として活動する上で、明らかな法令違反ではなくとも、反社会的、反倫理的な企業行動が表面化してしまうと、信用を失い、会社の継続が困難になる場合があるのです。このコンプライアンスは、経営者だけの問題ではなく、そこで働く一人ひとりが意識しなくてはいけないことなのです。

　特に福祉施設等では、利用者やその家族についての、他人が容易に知り得ない機微な個人情報（病歴、健康情報、家庭情報など）を詳細に知り得る立場にあり、社会福祉関係従事者には他の分野よりも個人情報の適正利用が強く求められます。

　例えば、利用者の個人情報を自宅に持ち帰ったり、家族に話したり、不用意に書類をゴミ箱に捨てたり、机の上に見えるように放置したまま席を外したりするなどといった行為は個人情報の漏えいにつながる行為となり、十分に気をつける必要があります。簡単に情報が手に入る、流用することが安易な時代だからこそ、個人や会社にある情報を、家族であっても社外の人に伝えてしまうことには注意が必要です。

2　マナーの基本

2　マナーの基本

マナーとは

　「マナー」とついた本が、書店に多く並んでいるのを目にしたことはありませんか。これだけ多くの書籍や雑誌が発売されているということは、いかに多くの方が「マナー」という言葉に敏感なのかが、また多くの方が自分の「マナー」に不安を抱いているのかがわかります。

　では改めて、「マナー」の意味を考えてみましょう。多くの方が「マナー」という言葉を普段聞いているはずです。一番身近な言葉は、携帯電話の「マナーモード」。ご存じの通り、着信音を鳴らさない機能です。英語では、そのものずばり、silent mode（サイレントモード）と言います。公衆の場で、携帯電話が鳴ると周りの方が不快に感じるので、音を出さないようにするための機能ですね。映画館やコンサートホールでは、バイブレーターの振動音さえ消すよう指示されることも多くなりました。

　その他にも身近なのは、テーブルマナー、同じテーブルで食事をする際に周りへの配慮を考えたものです。西洋料理では、シルバー（フォークやナイフ）は外側から取るとか、スープは音を出してすすらないなどがマナーです。中国料理も音を出してすすらない、皿は持ち上げないなど、文化が近いはずなのに私たちと異なるマナーが存在します。

　これらのことから、マナーとは自分の周りにいる相手を不快にしない気持ち・言葉遣い・行動であるということが見えてくるでしょう。人間誰しも自分が不快になることを進んで行う人はいません。しかし、他人は、自分とは異なる価値観を持っているのです。自分としては不快に思わない言葉遣いや行動、気遣いでも、判断するのは相手。そのつもりはなくても、相手が不快に思ってしまってはうまくいくこともスムーズに進まなくなるのです。また、人間は感情の動物とも言われるように、昨日は問題なかったのに、今日は雲行きが怪しいといったこともあります。

　学生時代は、気の合う仲間とだけ一緒に行動していればよかったし、気が合わない、嫌いな人とは口を利かなくても生活できたのですが、社会に入ると、世代も考え方も、さらには育ってきた背景、文化まで異なる人たちとコミュニケーションを取り、円滑に仕事を進めることが求めら

れます。そのため、「マナー」を考える講座は多くの場合、新入社員向けに行われています。

　人と接する度合いが濃くなる仕事ほど、実は「マナー」を考えなくてはいけません。宿泊業、飲食業、旅行業、小売業、そして福祉に関連する仕事に就かれるみなさんは「マナー」を考えることが必要なのです。重要なポイントは、「マナーには100％正解がない」、「マナーは時代とともに変わる」ということです。人によって不快に思う点や姿はそれぞれ異なります。また、時代が変われば、人の感覚も変わっていきます。世の中の変化のなかで、マナーは変貌していくものなのです。そのようななかで、多くの人が不快に思わない、または不快に思わないであろうことが「マナー」だと理解してもらいたいのです。

接遇と接客

　接遇と接客、何となく同じ意味合いで使われことが多いこの二つの言葉ですが、意味の違いを押さえておきましょう。

　まず「接遇」とは、たまたま偶然に出会った方との接し方、すなわち相手と自分の関係にかかわらず、接点を持つさまざまな人との接し方を意味します。その方がたとの立場の違いに関係なく、相対するすべての人との接し方を考えることが、接遇です。

　それに対し「接客」とは、自分の立場においてお客様となる方との接し方を意味しています。有形、無形のサービスを提供する相手に限っての接し方です。

　接遇の方が、広い範囲で「人との接し方を考える」ことが必要となります。どのような職場でも、さまざまな関係が存在します。同じ組織の上司、先輩、同僚、後輩。その組織のお客様。実はそれだけではなく、清掃会社、宅配便、郵便配達、工事業者、納品業者の方がたなど、直接のお客様ではないさまざまな人がその組織を支えてくれているのです。その方がたとの接し方も含め、立場が上、下とか、資格が上、下とかではなく、互いが気持ちよく仕事ができる環境を考え、接するのが「接遇」です。

第一印象の重要性

　「相手を不快にさせない」ということを考えると、第一印象が重要です。出会った瞬間、人はその第一印象で相手をまずは判断すると言われています。諸説ありますが、第一印象が決まるのは、3秒とも、30秒とも言われています。どちらにしても3秒や30秒で人間の脳は判断してしまうのです。

2　マナーの基本　19

最初に「優しそう」とか、「しっかりしていそう」とか、「この人なら安心」などプラスの印象を持たれると、その良い印象が維持されやすいと言われています。そうなれば（その人は）職場での信頼関係を築きやすくなり、コミュニケーションもスムーズになり、仕事も進めやすくなるのです。

しかし逆に、出会った最初に「いやだな」、「怖いな」、「この人、大丈夫かな」などと思われ、マイナスの印象を持たれると、その後良い印象に変えることの労力は計り知れません。最初に悪いイメージを持たれてしまうと、その人とのコミュニケーションや、信頼関係がうまく築けず、仕事の成果も上げにくくなってしまうのです。

第一印象のちょっとした違いが、その後の関係を決めてしまうのです。第一印象が大切だということを忘れないでください。

では、どのようなことが第一印象を決めているのでしょうか。第一印象を構成する要素は、3つあると言われています。

アメリカの心理学者アルバート・メラビアンが提唱した「メラビアンの法則」によると、第一印象を構成する要素は、①視覚情報　55％、②聴覚情報　38％、③言語情報　7％、と言われています。人は相手の第一印象を決めるときに、半分以上を視覚情報から得るということがわかります。確かに、私たちも初めてその人と会ったときに、見た目で判断しますね。この人はどんな人だろうと、一瞬で想像し、判断してしまいます。

次に多いのが、聴覚情報です。その人の声のトーン、話し方、スピードなど、情報の内容の前に、心地よく聞こえるかどうかで判断しています。意外にも、言葉そのものの情報が、第一印象では少ないことがわかります。確かに3秒とか30秒では言葉自体は判断材料になることが少ないのです。

まずは、外見を整えて、声のトーンを意識して、素敵な第一印象を築く必要があるのです。

第一印象を良くするポイントは次の4つです。それでは視覚情報となる項目から見ていきましょう。

POINT 　第一印象を良くするポイント

1　服装・身だしなみ

2　笑顔・明るい表情

3　心地よく聞こえる返事

4　きびきびした行動

① 服装・身だしなみ

　初対面の人に出会ったとき、人は何を基準にその人を判断しているのでしょうか。実は、身だしなみや服装といった外見から判断することが多いのです。人に不快な印象を与えないように身なりを整えることを「身だしなみ」といいます。

　とくにさまざまな人が出入りする職場では、働いているスタッフの身だしなみが職場の印象を左右する要素でもあります。個人のイメージだけではなく、その会社や施設のイメージとなってしまうことが多いのです。

　制服のある会社では、決められた制服を崩さずに正しく着用することが求められます。靴も踵を踏んだまま履いたりせず、きちんと履くことが、安全面においても必要です。また、アクセサリー類は、作業の支障になるので外します。

職場での身だしなみで気をつけること

① **清潔感があること**
　　仕事で接する人たちから信頼を得て、お互いに気持ちよく仕事をするために必要

② **調和がとれていること**
　　職場や職場の雰囲気にふさわしい身だしなみが必要

③ **機能的で動きやすいこと**
　　余計な飾り物等なく、仕事の妨げにならないシンプルさが必要

> 「おしゃれ」は、
> 自分のためにすること
> 「身だしなみ」は、
> 相手のために整えること

服装　　好感の持てる装いをしましょう

1)「清潔感」が感じられること

　自分では、洗濯したばかりと思っていても「清潔感」は、相手が感じるものです。シワ、シミ、汚れ、ほつれがないものを着用します。相手の目が行きやすい袖口、襟、裾の汚れにはとくに気をつけましょう。白いシャツを着る場合、下着のTシャツやキャミソール等は、白無地または肌色に近いものを選びましょう。白いシャツの下に色や柄が見えることは避けます（不快感を持つ方は、意外に多くいます）。

　また、他人のにおいは気になるものです。体臭、口臭、髪の毛のにおいなど周囲への気配りを忘れないようにします。衣類に消臭スプレーを使用する時も、無臭や微香のものを使うようにし

2　マナーの基本　　**21**

ましょう。

2）動きやすく、機能的なデザインを選ぶ

　職場での基本は「ビジネススーツ」ですが、職種によってはより機能的な服装が求められます。ユニフォームを支給される職場では着崩さないことが必要です。

　女性のスカート丈は、立ったときに膝頭下の丈が動きやすく、座ったときやかがんだときにも違和感がありません。また、ローライズパンツをはくときは、下着を見せない心配りも必要です。

3）上品で、控え目であること

　通勤時や勤務後のプライベートのおしゃれを楽しむ人も多くいますが、あまり華美にならないような配慮を持っていてほしいものです。誰が見ても好感が持てる服装で、相手に派手な印象を与えないようにすることが求められています。

4）TPOに合った服装を選ぶこと

　「TPO」という言葉があります。Time（時）、Place（場所）、Occasion・Opportunity（環境・場所）の頭文字を取っていて、時と場所、場合（その環境の理由や主旨、会合や研修会ならば参加者の顔ぶれ、重要度など）に合わせることを指します。

　一般企業では基本はビジネススーツ（上下揃いのスーツ）着用ですが、TPOに合わせカジュアルにしたり、ノータイにしたり、スニーカーで通勤したりと自由度が増えてきています。要は職場の環境に合わせ、また訪問先の企業の業態にも合わせ、不快感を持たれない服装が求められます。普段ユニフォームが支給されている職場でも、外部の会合や研修などに参加する場合は、特に指定がない限りビジネススーツが基本です。式典、上司の名代で参加する場合、主催者側の場合などは、男女ともにダークスーツが無難です。不安なら、先輩に相談してもいいかもしれません。

靴・靴下　　　足元は意外に見られています。磨いた靴を履きましょう

　男性はビジネススーツ着用時、黒またはこげ茶の革靴がコーディネートもしやすく、基本です。ローファーやスリッポンタイプの靴もカジュアルな印象があるので避けた方がよいでしょう。靴下は、黒か濃い色のもので、すねが隠れる程度の長さがあるものが一般的です。ビジネススーツに白い靴下をはく、また素肌が見えるのは完全なルール違反です。

　女性は中ヒール（3〜5 cm 程度）で自分の足に合った靴を選びましょう。ミュールやつま先が出るサンダル類は、ビジネススーツ着用時には履きません。タイツはカジュアルと受け取られることもあるので、正式な場には適しません。常にストッキングを1足、携帯する心構えが欲しいものです。

　男女ともに、靴の踵のケアを見過ごす人が多いのも残念な点です。後ろから見ると、踵が半分程度斜めにすり減っていたり、ヒールに大きな傷があったりすると、表面だけしか繕わない人なのかと判断されかねません。靴のこまめな手入れを忘らないようにしましょう。

髪　　　清潔感のある髪型にしましょう

　お辞儀をする際、作業をする際に長い髪は邪魔になります。また、無意識に自分の髪をかき上げたり、触る人が多いのですが、基本的に他人の髪の毛は清潔感があると思えないものです。ピンやゴム、ムースやスプレーで落ちてこないように気をつけましょう。

　前髪が長い（まつ毛に当たる程度）と、暗い印象を与えます。額を出すと、すっきりとした、明るい印象を与えることができます。

　男性の場合、耳が出るような長さにし、もみあげが耳たぶより下まで伸ばさないようにすることで、清潔感を与えることができます。

顔　　　男性はひげ、女性は薄化粧に気をつかいましょう

　男性はそり残しのひげに注意しましょう。女性は濃い化粧は避け、薄化粧を心掛けましょう。また、激しい日焼けで、皮がむけるなどは見苦しいだけです。プライベートでも、自覚を持って度を越した日焼けには注意してください。

装身具　　　金属製品は避けましょう

　一般的に時計、指輪などの金属製品は、相手に怪我や痛い思いをさせないために身に着けません。イヤリングやピアスは、異物混入の恐れもあるため、職場では外します。その他にも、ボタンやネームプレートにも気をつけましょう。

2　マナーの基本　　**23**

| 手・爪 | 手入れを行いましょう |

特に冬の時期、水仕事が多い現場では、手荒れに注意してください。爪は、手のひらから見て爪が出ない長さに切りそろえます。指より爪が長いと、ひっかき傷をつくる場合があります。女性のマニキュア・ネイルアートは、原則しません。事務職でマニキュアが許される職場でも、淡いピンクやベージュ色にとどめることが必要です。

| 香り | 香りには気をつけましょう |

香りを常用する人は少ないかもしれませんが、最近は「香害」が増えています。芳香剤、柔軟剤、香り付け剤、消臭剤までに香りがつけられています。職場では、無臭であることが大切です。

アロマオイルやポプリ等で空間に香りを漂わせ、気持ちを落ち着かせることとは別物です。

② 表情

ファーストコンタクト、すなわち出会ったその瞬間の表情は、その後の関係を決定づけると言っても過言ではありません。常に「温かい笑顔」でいることは、どのような職場でも必要なものです。忙しいから、私の担当ではないから、体調がすぐれないからという理由で、無表情でいると相手にも伝わってしまいます。利用者の方と接する時だけではなく、常日頃から「口角」を上げた表情でいることが求められます。

●相手に対しての笑顔と考えず、自分のための笑顔を心掛ける

笑顔でいることで、相手からも笑顔を受け取れることが多いものです。無表情でいるとどうしても機嫌が悪いように見られてしまいます。そうすると相手も身構えて怖い表情になるのです。常に笑顔でいることで、相手からも笑顔をもらえると、コミュニケーションも取りやすく、物事がスムーズに進みやすくなります。

また笑顔でいることで、表情筋が鍛えられ、頬の筋肉の衰えが抑えられ若々しく見られるのも自分のためには嬉しいことではないでしょうか。表情を豊かに保つことで、誰からも声を掛けられやすくなり、かつ実年齢より若く見られると職場で働くことが楽しくなるはずです。もう一つ、笑顔でいることが、副交感神経に作用し、毒素が体の外へ多く排出されるという研究結果もあります。要するに、自分が健康でいるためにも笑顔でいることが良いのです。

【Exercise】鏡を見ながら笑顔を実際に作ってみましょう

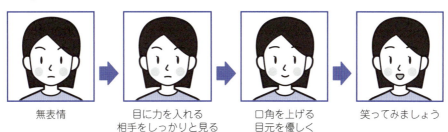

無表情 → 目に力を入れる 相手をしっかりと見る → 口角を上げる 目元を優しく → 笑ってみましょう

> **表情を豊かにするには眉を動かす**
>
> 笑顔になると、自然と眉が上がり、困った表情になると眉が下がります。お詫びや謝罪のときに、緊張して無表情で対応してしまうより、眉を下げて対応する方が、相手に気持ちが伝わりやすくなります。日頃から表情を豊かにする意識が大切です。

3 立ち姿勢

1）すべての動作の基本となる立ち姿勢

　お辞儀をする前後、椅子に座る時、動作から次の動作に移る時、すべての動作の基本姿勢です。立ち姿勢が美しいと、全体の動作が際立って見え、きちんとした感じが相手に伝わります。座っている時の姿勢も、実は上半身は立ち姿勢と同じです。

　立ち姿勢のポイントは、2つ。それに、手の位置と明るい表情を忘れないことで、信頼感を得られる立ち姿勢が身に付きます。基本の立ち姿勢をすると、多くの方は足の裏や背中の筋肉に違和感を覚えますが、体の筋肉は普段使っていないと次第に衰えてくるものです。きちんとした立ち姿勢を身に付けることで、筋肉も鍛えられ、自然とこの立ち姿勢ができるようになります。

2）立ち姿勢の作り方

①立ち止まった時、必ず踵をつける

　このとき、つま先は、男性はこぶし横一つ、女性はこぶし縦一つ分を開くのが目安となりますが、履いている靴や自身の骨格により異なります。踵をつけ、つま先を安定する広さに開きましょう。

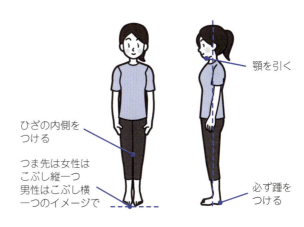

顎を引く
ひざの内側をつける
つま先は女性はこぶし縦一つ 男性はこぶし横一つのイメージで
必ず踵をつける

2 マナーの基本　25

②膝の内側（内側部）をつける

　大腿骨から膝にかけて力を入れ、膝の内側部をつけます。なかなかつかない人もいますが、筋肉を鍛えると徐々につくようになります。60歳を超えたある旅館の仲居さんが1年かけてつくようになったというエピソードもあるくらいです。

　膝内側部に力を入れると、背筋が伸びきれいな立ち姿勢ができます。それでもまだ猫背の方は、壁に背を向け立ってみましょう。踵、お尻、肩、頭を壁につけ、顎を引き正面を向きます。横から見ると、足のくるぶし、膝の真ん中、肩の中心、耳の穴が一直線にそろいます。普段、前かがみの姿勢で作業をすることが多い現代人は、肩が前に入り、常に前傾姿勢を取っていることが多いのですが、壁を使うと修正できるので、毎日ほんの1、2分でもやってみると姿勢が変わります。

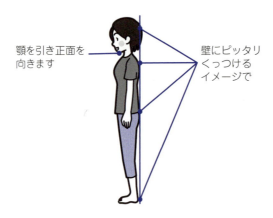

　この2つのポイントに気をつけると、360度どこから見てもきれいな立ち姿勢ができるようになります。多くの職場では、実は360度から見られているのです。相対する人のことだけを考えず、自分の背後からも見られているという意識を忘れないようにしましょう。その他に、手は体の横につけるよりも、前で左右対称になるよう組んだ方が優しく見えます。相手の話を聞くとき、お辞儀の前後など、体の後ろで手を組まず、前で組むように心掛けてください。表情も優しく微笑むことを忘れずにしてください。

4　あいさつ

　子どもの頃からしているはずですが、誰もが注意されたことがあるのが「あいさつ」です。「もっと大きな声で」、「相手を見て」、「明るくはっきりと声を出して」と注意されたことがありますよね。

　「あいさつ」の意味を知っていますか。意外にも意味を知らない方が多いのです。あいさつを

漢字で書くと挨拶、その漢字の意味は

挨 → 押し開く（それ以外にも漢和辞典には、打つ、押す、後ろから押す、迫る、走り寄って体をすりつける、まであるのです）

拶 → せまる

なのです。自分の心を開き、相手の心も押し開き、迫っていくのが、「あいさつ」なのです。朝だから「おはよう」と言えばいいのではなく、コミュニケーションの一つの手段として、相手との距離を縮め、朝だから気持ちよく今日も一緒に頑張ろうというメッセージを伝えるのが朝の「あいさつ」なのです。また、以下のことも参考にしてみるとよいでしょう。

あ → 明るく
最初の1文字目は、特に口をはっきりと開き、発音すると、明るく聞こえます

い → いつでも
自分の気分や都合ではなく、出会った方すべてにどのような場面でも行います

さ → 先に
気がついたら、上下関係等に関係なく先にします
「あいさつ」は"する"もので、"される"ものではないと認識してください

つ → ひと言、続けよう
「おはよう」の後に、「今日は暑いですね」などひと言続けることで、相手との距離が縮まります
相手の名前を呼ぶのも、一例です

あいさつプラスアルファのヒント

　プラスアルファのひと言を交わすには、ネタが必要です。身近な話題や相手の興味のあることを見つけられるよう日頃からアンテナを立てて情報収集をしましょう。

○ 「おすすめの話題」
・天気や気候
・趣味
・ニュース
・家族
・健康
・出身地や出身校
・食べ物

✕ 「避けたい話題」
・宗教
・政治
・暗い話題やニュース
・他人の悪口
・相手のプライバシーに踏み込んだ話題

職場で使うあいさつ用語

　職場でよく利用するあいさつ語をまとめてみました。明るく、はっきりとした声で、口を大きく開いて言えるようにしましょう。

出社時・朝知り合いに会ったら	「おはようございます」
日中、外出するとき	「行ってまいります」 ＊行き先・戻り時間を伝える
出かける人へ	「いってらっしゃい」
職場に戻ったとき	「ただいま戻りました」
迎えるとき	「おかえりなさい」・「お疲れさまです（でした）」 ＊ごくろうさまは×
一日の仕事を終えて退社するとき	「お先に失礼します」
仕事など何かを手伝ってもらったとき	「ありがとうございます」 ＊相手の名前も添えて言えると、なお良い
お客様が来社したとき	「いらっしゃいませ」 ＊アポイントがある場合は、先方の名前を確認後「〇〇様、お待ちしておりました」とひと言添える
感謝の気持ちを伝えるとき	「いつもありがとうございます」・ 「いつもお世話になっております」
人の前を横切るとき	「失礼します」
わかりました	「承知いたしました」
ちょっと待ってください	「少しお待ちいただいてもよろしいでしょうか」 ＊理由や待たせる時間がわかるのであれば、伝える
風邪をひいて休んだ翌日	「昨日（さくじつ）はご迷惑をおかけしました」

5 お辞儀

お辞儀は相手に対して、お礼、お願い、お詫びなどを表すあいさつに伴う所作です。

社会人になると職場の内外を問わずさまざまな場面で、さまざまな立場の人に出会うことになります。挨拶をするときは、その場の状況に適した気持ちのこもったお辞儀をすることで、さらに相手に好感を与えることができます。お辞儀は気持ちに応じて体の角度や頭を下げる時間が変わるものです。相手に気持ちを伝えるためにも、スマートなお辞儀ができるようになりましょう。

プラスアルファのお辞儀

・あいさつ言葉を先に、動作は後にする
・相手と目線を合わせて、言葉を述べ、お辞儀をし、また目線を合わせる

お辞儀の種類

①会釈（15度程度）…道や廊下ですれ違ったとき
②普通のお辞儀（30度程度）…お客様を迎え入れるとき、感謝を伝えるとき
③深いお辞儀（45度程度）…依頼やお詫びのとき

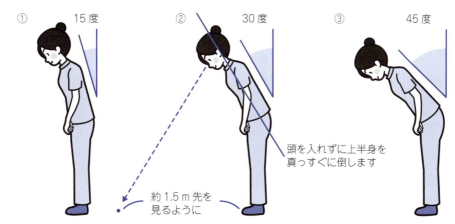

④目礼…頭を下げ目線だけで相手に敬意を表すとき

恥ずかしいお辞儀

・キツツキ…首だけ曲げて、顎を前に突き出す

・ニワトリ…ペコペコとせわしなく、何度も頭を下げる

・体力測定…両手をだらりと下げて前屈のような姿勢になる

キツツキ　　ニワトリ　　体力測定

POINT　丁寧に見えるお辞儀のリズム

1拍　相手を見て、言葉を発する

1拍　上半身を真っすぐのまま、倒す

1拍　つま先の1.5m先を見て止める

2拍　ゆっくりと立ち姿勢の位置へ戻る

その他の行動

1）物の受け渡し

　福祉の現場では、利用者にさまざまな物を手渡す機会が多くあります。相手を見て、両手を添えて、声を掛けながら、受け取ったことを確認してから、手を離し、ゆっくりと手を戻します。相手に与える印象を考え、丁寧に見える動きを心掛けましょう。先ほどのお辞儀のリズムを基本に動くと丁寧に物の受け渡しができます。

　また、小さい物は片手で持ち、落とさないようにもう片方の手を下に添えると相手を大切にしている印象を与えます。筆記用具はペン先を出し、書ける状態にして、相手の利き手に持ちやすいように渡します。はさみなどは、刃先を自分の方に向けて渡すのが基本です。取り扱いに注意が必要な物の場合は、特に「熱いので気をつけてください」、「重いので両手で持ってください」と、ひと声掛けてから渡しましょう。

　相手が持てないような場合は、「○○までお持ちしましょうか」と尋ねてみましょう。

30

2) 方向を示す

　方向は腕と手のひらで示します。近い場所の場合は肘を曲げ、遠い場所の場合は肘を伸ばしながら、「○○は右手に真っすぐお進みください」と言葉を添えて指し示します。自分の右手と、相手の右側は逆になるので、慣れましょう。示す方向によって、指し示す腕も変わります。自分の立ち位置と、指し示す場所の位置関係が自然に案内できるように、職場の施設の場所を把握しておきましょう。

知っていることと、伝えられることは別

　方向を指し示す場合、トイレの場所、食堂の場所など知っているはずなのにいざ案内しようとすると、スムーズにいかないことが最初はあります。言葉と動作を同時にスムーズに案内できるようにするには何度も練習するしかありません。実際に口に出して、そのフレーズを何度も言いながら、相手との立ち位置を考え、腕の指し示しも加え練習してみましょう。

聞こえ方の印象

　第一印象を左右する二つ目の要素である耳に聞こえる印象、すなわち「聴覚情報」について少し触れていきましょう。

　例えば、返事をするときの「はい」という言葉も10通り以上の表現があると言われています。「今日は早く仕事が片づいたから、たまにはお寿司でも食べに行こうか」といつもおごってくれる上司があなたに声を掛けたとします。そのときの返事は、明るく元気に嬉しそうに跳ねるような声で「はい」。また別の日に朝から雨が降っていて、気も重く頭痛もする、そんな出社直後に先輩から「早く書類を用意して、すぐ出かけるわよ」と言われたとしましょう。そのときの「はい」は、沈み込んだ、いやだな～という雰囲気ではありませんか。

　このように同じ言葉を使っても、相手に伝わるとき、その音が大きく関わることに気がつくはずです。職場で常に笑顔でいることと、常に明るく元気な声を発すること、あなたの周囲の人々に影響を与えるこの二つの要素を意識することが必要なのです。

●地声とえごえ（笑声）

　明るく元気な声は、無表情では出せません。無表情のときに出る声は「地声」。その人が本来持っている、何も意識していないときに出る声です。それに対し、笑顔のときに出る声を「えごえ（笑声）」と言います。相手が目の前にいるとき、何かを伝えたいという意思が働いているときに出る声です。一般的には聞き慣れない言葉ですが、接客業（ホテル、航空など）の接客研修では，よく使われています。普段の会話から「えごえ（笑声）」で話すことができるよう意識しましょう。

【Exercise】実際にやってみましょう。自分の声をよく聞いてください

①まず、無表情になってください。「こんにちは」と言ってみましょう。緊張感のない、ボソボソとしたあいさつではありませんでしたか。

②今度は、できる限り素敵な笑顔になってください。そして「こんにちは」と言ってみましょう。明るい、はっきりとした声の「こんにちは」が言えたと思います。

③その笑顔のまま、先ほどの無表情な時に言った地声の「こんにちは」を言ってみましょう。どうでしたか。

④一番最初の無表情に戻って、今度はえごえ（笑声）で「こんにちは」を言ってみましょう。どうでしたか。

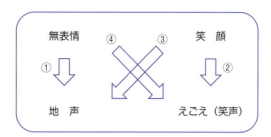

　実際にやってみるとわかるように、私たちは無表情でえごえ（笑声）で話すことはできません。また、地声で話していると相手が「この人は、本気で何か伝える気があるのだろうか」、「この人は、なぜ不機嫌なのだろうか、自分が何か迷惑をかけたのか」と疑心暗鬼になったり、聞こうとする気をなくすことがあります。

　確かに、話す内容も大事ですが、相手に心地よく伝わるような声で話すことも必要なのです。

　これ以外にも、話すスピード、間の取り方、強弱にも気をつけましょう。忙しい職場では、気が急いて自然と早口になってしまうものです。相手のペースに合わせたスピードで話すよう心掛けましょう。また、伝えなくてはいけないことが多いと、全部を一度に伝えたくなりますが、相手の理解度に合わせて、一つひとつ丁寧に説明する方が、結果的に早く相手に伝わることも多いのです。

　相手が「自分のことを理解してくれている」と感じることで、さまざまなことが伝わりやすくなります。言葉を選ぶことも大切ですが、どのように伝えるか、伝わるかも考えてください。

3　言葉遣い

3　言葉遣い

 職場での言葉遣い

　職場では、お互いの意思が通じなければ仕事になりません。スムーズなコミュニケーションを図ることで、成果も期待できるのです。年齢も価値観も違う人が同じ目的のために働き、互いを理解し合いながら働いています。日常生活では問題にならなかった言葉遣いも、さまざまな人がいる職場では違和感を持たれたり、抵抗感を抱かれたりしてしまうのです。

　自分の意思を正確に伝えるためには、相手にわかりやすい話し方が必要になります。そのためには、明るく肯定的な表現で、相手にとって聞き心地よく、相手に応じた言葉遣いを用いて話すことが必要です。

POINT　自分の意思を正確に伝えるために

1　相手の理解を確認しながら話す
2　要点をまとめて手短に話す
3　相手の話のテンポに合わせて話す（相手がゆっくりの場合は、ゆっくりと。早い場合は、少し早めに）
4　具体的な事例を入れて話す
5　事実と話し手の意見や感想は区別する

 ## 基本の言葉遣い

職場では立場の異なる人に合わせて、言葉遣いを変化させる必要があります。

上　　司→敬語を使い、上司の立場を尊重します
先　　輩→目上であることへの敬意を忘れず、丁寧な話し方をします
　　　　　年上、年下、資格の有無に関係なく、先に職場で働いている人は先輩であることを忘れないように
同　　僚→学生言葉などは使わず、職場にふさわしい言葉遣いを心掛けます
利用者→利用者に接する際には、丁寧な言葉遣いを意識します

> **表情や態度を意識する**
>
> 　礼儀正しく、相手の表情を見ながら、穏やかな気持ちで話しましょう。敬語を無理に使い、ぎこちなく緊張して硬い表情で話すよりも、落ち着いて誠意ある態度で話すことの方が大切です。敬語は自然に使いこなせるよう慣れていくことが必要です。慣れない敬語を必要以上に重ねて使うことの方が、失礼になりかねません。

 ## 敬語の種類

　敬語を正しく使うためにも、敬語には尊敬語、謙譲語、丁寧語、美化語の4種類があることをまず理解しておきましょう。敬語が苦手という人は、思ったより多いものです。そもそも言葉は耳から入って覚えていくものです。学生時代はほぼその環境にないので、慣れていないのも無理はありません。アルバイトで接客業をやっていても、耳から入ってくる言葉は、半分以上が同じアルバイトの同世代の人の会話です。

　敬語は相手との位置関係、すなわち立場を理解し、敬う気持ちを持って使い分けていくものです。心配するより、周囲の会話を聞き取り、使って、慣れていくことが大切です。

3　言葉遣い　37

1 尊敬語

話す側（自分）が、相手の人や話に出てくる第三者、またはその人の行動や行為などを敬う言葉。相手に対する尊敬の気持ちを表現します。

1）言葉自体を言い換える　⇒40ページ表参照

言った→「お客様がそのようにおっしゃいました」

来た→「お客様がいらっしゃいました」

2）「お〜になる・なさる」、「ご〜になる・なさる」にする

待つ→「お客様が、お待ちになっています」

話す→「全員にお話しになりました」

出席する→「施設長は今日の会議にご出席になる」

3）「れる」、「られる」をつけ加える

飲む→「お薬を飲まれましたか」

受け取る→「パンフレットを受け取られました」

2 謙譲語

話す側（自分）が、自分自身や話に出てくる第三者の物や行動などをへりくだって表現し、結果として相手を敬う言葉です。

1）言葉自体を言い換える　⇒40ページ表参照

行く→「明日、ご自宅へ伺います」

聞く→「ご家族のご要望を承りました」

2）「お〜する」、「ご〜する」にする

持つ→「わたくしが、お持ちします」

案内する→「施設長が、ご案内いたします」

尊敬語と謙譲語

尊敬語　相手に使うことによって、直接的に敬意を表す

謙譲語　自分に使い、自分を下げる（へりくだる）ことによって、相手に対して間接的に敬意を表す

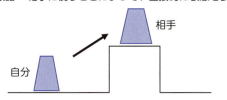
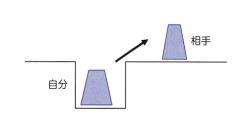

尊敬語と謙譲語の使い方は、状況で変わる

①自分が所属する部署の田中所長と話す場合

・田中所長のことを話す

・自分のことを話す

②自分が取引先の中山さんと話す場合

・中山さんのことを話す

・田中所長のことを話す

3　言葉遣い

言葉自体を言い換える

　動詞で尊敬語と謙譲語で会話をするときに、言葉自体が変わるものがあります。意外によく使う動詞は限られているので、覚えてしまいましょう。

普通	丁寧語	尊敬語	謙譲語
行く	行きます	いらっしゃる おいでになる お出かけになる 行かれる	参る・伺う 参上する
来る	来ます	いらっしゃる お越しになる おいでになる お見えになる・見える	参る・伺う
食べる	食べます	召し上がる お召し上がりになる お食べになる 食べられる	いただく 頂戴する
いる	います	いらっしゃる おいでになる ご在宅	おる・おります
する	します	される・なさる	いたす・させていただく
言う	言います	言われる・おっしゃる	申す・申し上げる
見る	見ます	ご覧になる・見られる	見せていただく 拝見する 拝見いたす
聞く	聞きます	聞かれる・お聞きになる お耳に入る	伺う・承る お聞きする 拝聴する お聞かせいただく
知る	知ります	お知りになる 知っていらっしゃる ご存じ	存じる・承知する ＊人に関係するものの場合 　存じ上げる・承知する

言葉は本来、耳から入って覚えるもの

　英単語を覚えるように、言葉だけを覚えるよりも文章にして、声に出し、自分で聞いて覚えるのが早道です。職場で先輩たちの話している言葉遣いを聞いて、積極的に使いこなすことで、敬語をマスターしましょう。

【Exercise】「尊敬語」・「謙譲語」

尊敬語と謙譲語の練習問題です。言い換える（　）内の動詞を下線部に書いて、実際に声に出して言ってみましょう。

耳で聞くことで、言い換える動詞に慣れていきましょう。

行く	尊敬語	和田課長は、いつ出張に（行きますか）
	謙譲語	上司の中原と、来週そちらへ（行きます）
来る	尊敬語	鈴木様は、今週土曜日施設見学に（来る）
	謙譲語	わたくしどもの所長が、こちらへ（来ます）
食べる	尊敬語	先輩は、東京駅で昼食を（食べましたか）
	謙譲語	（私は）これから社員食堂で夕食を（食べます）
いる	尊敬語	本日、20時にお電話したいのですが、ご自宅に（いますか）
	謙譲語	（私は）明日は、社内に（います）
する	尊敬語	彼女の父は、ゴルフを（する）
	謙譲語	私たちの会社では、東北に募金を（する）
言う	尊敬語	施設長はいつも私たちに、時間を大切にと（言う）
	謙譲語	昨日電話で、休むことを課長に（言った）
見る	尊敬語	金曜日にFAXで送信した申込書を（見ましたか）
	謙譲語	新社屋を（見る）ツアーに参加します

3　言葉遣い　　41

聞く	尊敬語	提出期限の変更は（聞きましたか）
	謙譲語	殿畑先生のお話を（聞く）
知る	尊敬語	２年前にいらした山本施設長の消息を（知っていますか）
	謙譲語	自社の新しいサービスを（知っている）
	謙譲語	山本様の新しい自宅を（知っている）

③ 丁寧語

　話す側（自分）が、聞き手である相手よりも目下であることを表現し、相手に敬意を表します。自分の行為を丁寧に述べる表現です。

　会話をする際に、相手がお客様、目上、先輩の場合、言葉を丁寧に言い換えた「丁寧語」を使うのが基本です。まずは、文末や会話の最後を「です・ます・ございます」にします。「尊敬語」、「謙譲語」、「丁寧語」で動作を言い表しても、丁寧語で言い換えられなければ、敬語で会話をしたことにはなりません。

　例えば、「お名前」、「ご住所」、「ご連絡先」など相手のものや相手に属するものに対して、接頭語の「お・ご・御」をつけられなければ会話が成り立たないことを覚えておきましょう。

> 謙譲語Ⅰ・謙譲語Ⅱ
> 平成19年の国語審議会の答申により謙譲語Ⅰと謙譲語Ⅱの２種類に分類され、今までの「丁寧語」が謙譲語Ⅱとなりました。

幼稚に聞こえる言葉遣いに気をつけよう

　「おいしかったです」、「楽しかったです」など、丁寧に言おうとして「です」をつけたことで幼稚に聞こえる言葉があります。「おいしくいただきました」や「ごちそうさまでした」、また「楽しい時間を過ごせました」や「楽しい時間をありがとうございました」と言い換えることでスマートな表現になります。

4 美化語

名詞に「お・ご」をつけて丁寧な言い方にしますが、原則として悪い意味を持つ言葉や外来語にはつけません。敬語の会話のバランスを取って、言葉自体を言い換えた表現となります。

「お」をつける言葉	「ご」をつける言葉	つけない
お手紙　お気持ち お考え　お手伝い お車　　お時間	ご在宅　ご褒美 ご意見　ご利用 ご伝言　ご来社	ビール　コーヒー 動植物

職場で使う基本用語

友達や親しい人との会話では、普通に使ってしまう言葉遣いですが、職場では「丁寧に」、「改まった」表現を使うことに慣れていきましょう。言葉の表現に気を配ると同時に、聞こえ方にも注意する必要があります。

職場で使う基本的な表現

普段の言い方	職場での表現
わたし・あたし・ぼく	わたくし
わたしたち・ぼくたち	わたくしども
相手の会社/施設	御社　＊文章では「貴社」も使う
自分の会社/施設	弊社　当社
誰	どなたさま　どちらさま
同行の人	おつれさま
あっち・こっち	あちら・こちら
きょう	本日
あす・あさって	明日（みょうにち）・明後日（みょうごにち）
きのう	昨日（さくじつ）

普段の言い方	職場での表現
この前	先日
すぐ	さっそく
知りません	存じません　存じ上げません
いいですよ	はい、かしこまりました
へえ、うん、はあ、はいはい	はい　いいえ
どうですか	いかがでしょうか　いかがでございますか

使いこなしたい職場での慣用敬語

いつもお世話になっております	職場でよく使う、あいさつの枕ことば。口先だけにならず、心がこもった響きになるよう注意します。
恐れ入ります	感謝の意を伝える場合と、相手に依頼するときの「クッション言葉」として使用します。
席を外しております	電話や来客時、名指し人が席にいないことを表す慣用句。明らかに外出している場合は、「ただいま外出しており、〇時には戻る予定です」と伝えます。
いかがなさいますか	お客様や上司に意向や要望を尋ねる際に使います。
かしこまりました	お客様や上司から依頼や命令を受けたときに承知したことを伝える言葉。なお、「わかりました」は正しくありません。
お疲れさまでした（ございました）	職場では誰に対しても「お疲れさま」を使います。なお、労をねぎらう「ご苦労さま」は、目下に使う言葉なので、職場では使わないようにします。

 # 気遣いを表す表現

　敬語をマスターするために、「尊敬語」、「謙譲語」、「丁寧語」、「美化語」をそれぞれ説明してきましたが、それ以外にも大人として相手への気遣いを表す表現を身に付けていきましょう。

1 肯定表現

　人間の心理として、頭から否定されるのは誰しもいやなものです。「ありません・いません・できません」など否定表現で会話をされると、聞くのすらいやになりませんか。そこで、否定表現を肯定表現にすることで、前向きな気持ちが相手に伝わりやすくなるのです。

　例えば、「鉛筆はありませんか」と尋ねられて、鉛筆がない場合、「ありません」と答えてしまうと冷たい感じがします。そこで、「鉛筆はありませんが、シャーペンならありますよ」と、代替品を提案するのです。

　「所長はいらっしゃいますか」と尋ねられて、「所長はいません」だけだと、用事がある相手の人は、「外出ですか」とか「今日はお休みですか」と再度尋ねることが必要となり、手間のかかる、気分の悪いやり取りになってしまいます。それならば最初から「所長は今、外出中で、夕方5時過ぎには戻ります」と伝えた方が、丁寧で親切に感じられるということです。

　また、規則で決まっていてできないことは、どうすればできるのか提案するとよいでしょう。「3日前までに、書類を提出いただければ外泊できます」、「ご本人には、ご説明できます」など、肯定表現にできることを考えてみてください。

2 依頼表現

　否定表現と同じように、命令されるのも気持ちのよいものではありません。乱暴に「しろ」から始まり「して・してください」と命令形で何度も言われ続けると、だんだんとイライラしてくるのが人間の心理です。

　そこで、「してもらえますか・してもらってもいいですか・してもらってもよろしいですか・していただけますか・していただいてもよろしいでしょうか」などというように、会話の丁寧さのレベルに合わせて、依頼表現に変えていきます。

　例えば、「お箸を取ってください」を「お箸を取っていただけますか」とするだけで、丁寧に聞こえるのです。ただし、危険が迫っている場合には、「机の下にもぐってください」、「何も持たず、すぐに出てください」などと命令形を使います。

３　クッション言葉

相手に何かお願いをするとき、意向に沿えないとき、相手の感情に反するときなどにクッションの役割をするとともに相手への敬意も伝えたいときに使います。

1) 依頼するとき

恐れ入りますが・お差し支えなければ・勝手を申し上げますが

お手数ですが・ご都合の良い時で結構ですので・申し訳ございませんが

ご足労をおかけいたしますが・ご迷惑をおかけいたしますが

例：「恐れ入りますが、お電話番号を伺ってもよろしいでしょうか」

2) 断るとき

残念ながら・せっかくですが・申し上げにくいのですが

お気持ちはありがたいのですが・あいにく

例：「残念ながら、今回は欠席させていただきます」

3) 確認するとき

ご面倒ですが・失礼ですが・大変恐縮ですが・お手を煩わせますが

例：「ご面倒ですが、今一度ご確認をいただいてもよろしいでしょうか」

 # 言葉遣いの NG 集

さて、ここでは若者言葉、バイト敬語やコンビニ敬語と言われている社会人としては恥ずかしい言葉遣いを見ていきます。友達同士での会話では許されても、職場では許されない言葉遣いです。

その他にも学生言葉として「マジ」、「ヤバイ」、「ちょー」、「りょ」、「ウケる」など学生間の会話では通じるものも、社会に出ると軽薄に聞こえてしまうので注意しましょう。

● 「〜っていうか」

会話の最初に口癖のように使う人が多い「〜というか」、「〜というよりは」の短縮形。話題を変えるのであれば、「そういえば」で十分です。また、何の脈絡もなしに「っていうか、マジ帰

りたい」といった発言を不快に感じる大人も多いので注意しましょう。

●「わたし・ぼく的には」

「的」を入れることによって、「わたし」という主体をごまかしているように聞こえます。自分の意見を率直に言わず、責任逃れをしているようにも感じられ、大人の会話の中で通用しない表現の一つです。「わたしは」、「わたしとしては」と表現しましょう。

●「なるほど」

相づちの一つとして、目上や年配の人との会話に出てくると、生意気さが感じられてしまう表現です。相づちとしては、「はい」や、「確かに○○ですね」という方が、相手に不快な気分を持たれないので、無意識に使っている人は要注意です。

●「みたいな」

「〜的に」と同様のぼかし表現です。「みたいな」は似たものに例えたり、臆測を話す表現ですが、近頃会話や状況説明の引用にも使われます。「〜という」で続ければ、大人との会話の中でひんしゅくは買わないでしょう。

●「よろしかったでしょうか」

敬語を使い慣れている大人には相当違和感のある表現です。あえて過去形にすることで、丁寧に表現していると勘違いしているバイト敬語の代表格とも言えるでしょう。「以上でよろしいでしょうか」で十分な敬語表現になっていることを認識しましょう。

●「〜のほうをお持ちしました」

飲食店でよく聞くバイト敬語です。「〜のほう」は選択肢を表す用法があるので、水とお茶のどちらを先に飲むかの選択肢がある場合は、「お水のほうを先にお持ちしました」と言えばよいのです。食後にお茶を出すのであれば「お茶をお持ちしました」が正解です。

●「こちら〜になります」

「なる」は、状態の変化を示す言葉です。「こちらお味噌汁になります」、「お釣りになります」と言われると、何が味噌汁に変化したのか、お釣りになっちゃった？　と聞きたくなります。「〜でございます」、「〜です」で違和感はなくなります。

●「10分ほどお待ちいただく形になります」

「形になる」は、「実態はさておき、表面上はこうなる」ということを伝える婉曲表現です。待ち時間は実態なのでここでは使用しません。「10分ほどお待ちいただいております」、「10分ほどお待ちいただくことになります」と言いましょう。

4　来客応対

4　来客応対

 来客応対の
基本姿勢

　法人の印象は、受付の対応で大きく変わってしまいます。受付に常時スタッフのいる職場では、その担当者がその責務を負いますが、そのような職場ばかりではありません。自分の担当ではなくても、お客様（利用者のご家族を含めた来訪者、関係の取引業者など）に出会ったときには、法人の代表であるという意識が求められます。直接利用者に接することのない職種の方でも、廊下や入り口で、お客様とすれ違うことがあります。そのような場面でも、あなたの印象が職場全体のイメージを左右してしまうのです。パンフレットやホームページに記載されていることだけではなく、職員・スタッフの働いている雰囲気をお客様は感じるのです。

●スピーディーで適切な対応をする
　待たされる側の時間的感覚と待たす側の時間的な感覚は、決して同じではありません。粗雑な対応をするのではなく、お待たせすることなく、てきぱきと相手に心地よい応対を心掛けます。

●忙しい時、トラブル発生時こそ、笑顔で落ち着いて対応する
　忙しい時間帯や問題が発生している際には、特に笑顔を忘れずにお客様に接します。

●社内知識（業務内容・社内のしくみ・職員名・施設など）をしっかりと覚え、対応する
　来客時には、来訪目的、用件、質問の意図をくみ取り、たらい回しにすることなく応えられるようにします。

●公平な対応をする

お客様との親密度、地位、服装、言動などによって態度を変えないようにします。

●丁寧に、親切に対応する

忙しいと横柄な態度を取ったり、愛想のない返事をしてしまいがちですが、法人の代表という意識を忘れずに対応しましょう。

 ## 来客応対の流れ

お客様が来訪したとき、具体的にどのように対応するか見ていきましょう。

1 受付時

●明るいあいさつで迎える

お客様から声を掛けられるのを待たずに、自分と関係ないと思われる方にでもすすんで声を掛けます。距離がある場合は、相手に歩み寄ることも忘れません。座っている場合は、立ち上がり相手に体を向ける。「おはようございます（こんにちは）。ご用件をお伺いいたしましょうか」と対応しましょう。

2 取次時

1）相手の確認をする

「○○社の山本様でいらっしゃいますね」

来訪者の方には、会社名と名前を確認します。初めての来訪者の場合、名刺を差し出されることがあるので、名刺は両手で「お預かりいたします」と受け取り胸の前で持ったまま、会社名、名前を復唱するようにします。また、名乗らない方の場合は「失礼ですが、お名前をお伺いできますでしょうか」と対応しましょう。

預かった名刺は、名指し人に渡すか、取り次いだ後に返します。

2) アポイントの有無を確認する

「お約束いただいておりますでしょうか」

　あらかじめアポイントがある場合は、「山本様、お待ちしておりました。ただいま、所長の鈴木を呼びますので、しばらくお待ちいただいてもよろしいでしょうか」と対応しましょう。

　アポイントがない場合は、「失礼ですが、どのようなご用件でいらっしゃいますか」と対応しましょう。このとき、ぶっきらぼうな言い方をせず、優しく丁寧な口調を心掛けましょう。

　頻繁に来訪し、直接面会する人のところへ行くことが慣例となっているお客様には、あいさつだけでよいでしょう。

3) 名指し人に連絡をして指示を仰ぐ

「○○社の山本様が受付でお待ちです。いかがいたしましょうか」

　名指し人に指示を仰ぐ場合の「いかがいたしましょうか」というフレーズを忘れずに。また、来客が複数の場合は、「○○社の山本様ともう1名様がお越しです」と伝えるとより親切です。

　事前に案内する先を指示されている場合は、（指示のあった）応接室等へ案内するようにしましょう。

　名指し人が接客中や電話中、会議中など取り次ぎができない場合は、必ず口頭ではなくメモで知らせます。

4) 指示にしたがって対応する

「山本様、鈴木はまもなく参りますので、応接室にご案内いたします」

①名指し人が別の用事で面会がすぐにできないとき

　すぐに面会できない理由を述べ、丁寧に謝ります。代案を出すときには、必ず名指し人や上席者の確認を取ってから相手に伝えます。勝手に判断せず、どう対応すべきかまずは確認を忘れないようにしましょう。

　例：「誠に申し訳ございませんが、あいにく会議中（外出中・出張中・休暇中）でお会いいたしかねますが、いかがいたしましょうか」

　ⅰ．待ってもらう

　「あと、○分ぐらいで戻って参りますので、お待ちいただいてもよろしいでしょうか」

　ⅱ．代わりの人が会う

　「よろしければ、代わりの者がお話を伺いますが、いかがでしょうか」

　ⅲ．伝言を預かる

　「お差し支えなければ、わたくしが代わりにご用件をお伺いして、後ほど○○に申し伝えますがよろしいでしょうか」

ⅳ．こちらから電話をかける

「戻りましたら（終わりましたら）こちらからお電話を差し上げるようにいたしましょうか」

ⅴ．また来てもらう

「恐れ入りますが、明日○時ならばお目にかかれるとのことでございます。ご足労をおかけいたしますが、明日改めてお越しいただいてもよろしいでしょうか」

ⅵ．電話してもらう

「恐縮ですが、○時過ぎにお電話をいただけないでしょうか」

ⅶ．わざわざ来てもらったお礼を言う

「本日はお忙しい中（お寒い中・お暑い中）わざわざお越しいただきありがとうございます。○○がお目にかかれず誠に申し訳ございませんでした」

②名指し人が別の用事で面会を断るとき

　来訪者のなかにはアポイントがない訪問の場合があり、名指し人が外出中など、やむを得ない事情で断ることもあります。そのようなときも、相手に納得してもらえるような応対を心掛けましょう。

ⅰ．面談できない理由を告げる

ⅱ．来訪者の意向を聞き、代理の人に会ってもらう

ⅲ．後で連絡が取れるよう、連絡先を聞く

③ ご案内

1）面会の場所まで案内する

「お待たせいたしました。会議室にご案内いたします」

　廊下では、お客様の斜め少し前方を、半身の構えでお客様の歩調に合わせ歩きます。曲がり角では、「右（左）へ曲がります」と案内しましょう。

　階段では、「○階でございます」と行先階を告げ、先に上がります。目線が上になるため、お客様に先に上がってもらう場合もありますが、自分が先に上がるのが自然です。下りる場合は、先に下ります。お客様には手すり側を歩いてもらいましょう。

　エレベーターでは、「上位者先乗り、先降り」の原則がありますが、「開」ボタンを押す必要がある場合は、「失礼します」と言って先に乗り、「どうぞ」と迎え入れ、「○階でございます」と扉を開けてお客様を先に降ろし、後から降ります。エレベーター内での立ち位置は、操作盤の前に立ちましょう。

4　来客応対　　**53**

2）部屋に案内する
入室する前に必ずノック（2、3回）をする

　内開きのドアの場合は、ドアを開け先に部屋に入り、体の向きを変えドアを押さえながら、「どうぞ」とお客様を案内しましょう。

　外開きの場合は、ドアを開け「こちらでございます」と声掛けをして、お客様を通しましょう。

　上座に案内し、「どうぞ、こちらにおかけになってお待ちいただけますか。○○はまもなく参ります」と声を掛けましょう。

　部屋の入り口に、「空室・使用中」のサインボードがある場合は、「使用中」にすることを忘れないようにします。

席次

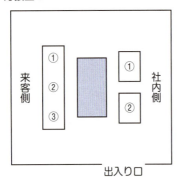

出入り口から遠く、長椅子が上席
長椅子（ソファ）が来客用で、
肘掛椅子は社内用

出入り口に一番近い③が、末席

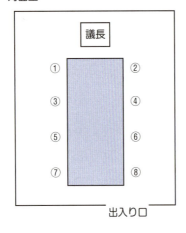

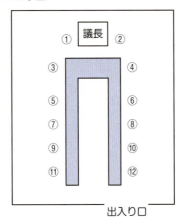

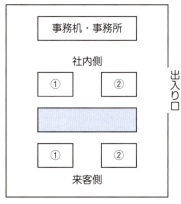

・事務所の一角にある場合

事務所の一角に打ち合わせコーナーがある場合は、事務机・事務所側から遠い方が来客側

・タクシーや運転手付き乗用車

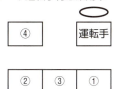

・乗用車（持ち主の運転）

4 茶菓接待

1）お茶を入れる前に

①手の汚れ、爪の伸びすぎがないかを確認します。

②湯飲み茶碗のひびや欠け、茶渋がついていないか確認します。

③湯飲み茶碗、茶たく、お盆が濡れていないかを確認しましょう。

2）お茶の入れ方

①ポットのお湯を茶碗の8分目まで注ぎ温めます。

②お湯が適温になったら、茶葉を入れた急須に移し、1分ほど待ちます。

③濃さが均一になるよう各茶碗に少しずつ注ぎます。

④糸底（茶碗の底）を布巾で拭きます。

⑤急須のお茶を残さないように注ぎましょう。

玉露や上煎茶は、ポットの湯を茶碗等に移し適温になるのを待ちます。

目安は勢いよく上がっている湯気が、静かに上がる程度まで温度を下げてから、急須に注ぎます。煎茶やほうじ茶、番茶は、ポットの湯を直接急須に注ぎ、30秒も待てば十分においしいお茶が準備できます。

3) お茶出し

①お盆に茶碗と茶たくを別にし、布巾も用意して運びましょう。

　運ぶときのお盆の位置は、体の正面から少し右か左に持ち、息がかからないようにします。

②ドアを軽く2、3回ノックし「失礼いたします」と声掛けをし、会釈をして入室します。

③お茶の準備をします。

　サイドテーブルのある場合は、サイドテーブルにお盆を置いて、茶たくに茶碗をのせて出します。サイドテーブルのない場合は、テーブルの端に置くか左手でお盆を持ち、右手で出しましょう。

④茶たくを右手で持ち、左手を添えて、上席者のお客様から「どうぞ」と言い添え出します（社内の人には後から）。お客様の下座側から出すのが基本ですが、職場では出しやすい方から出しましょう。

　商談中（会議中）でのお茶出しは、声を出さず会釈のみをして出します。また入室時に、名刺交換中の場合は、交換し終わるまで待ちお茶を出します。

　社内の人にお茶を出すときは、原則同じ茶碗で、役職が上の人から出します。

⑤お盆の表を外側にして脇で持ち、ドアの近くで一礼して退出しましょう。

⑥30分以上経ったら、お茶を入れ直しましょう。

　お茶を下げるときは、お客様から先に、お盆を左手に持ち右手で下げます。

⑦お客様が帰ったら、部屋の片づけをしましょう。

POINT　お茶出しのコツ

1　茶碗を持つときは、ふちに手が触れないように

2　茶たくに木目のある場合、木目を横にする

3　茶碗に柄がある場合は、柄がお客様の正面になるように

---

4) ペットボトルとグラス、紙コップを出す場合

①ペットボトルの濡れや汚れを落としましょう。

②グラスや紙コップの汚れがないかを確認しましょう。

③お盆の自分側（手前）にペットボトルを、グラスや紙コップはその先に置き、運びましょう（背の高い物を自分の手前に置くと安定します）。

④グラスや紙コップは下1/3の位置を持ち、お客様の右手に置きましょう。

⑤ペットボトルはその右側に、ラベルの正面をお客様に向けて置きましょう。

5) お菓子を出すとき

お茶にお菓子を添えて出す場合は、お菓子を先に出し、その右側にお茶を置きましょう。

5 お見送り

お客様をお見送りするときは、相手の状況やその会社の慣習もありますが、原則お客様が見えなくなるまで見送ります。エレベーターならば、ドアが完全に閉まるまでお辞儀（頭を下げた状態で静止）をします。車の場合は、相手が車に乗りこんだらあいさつをし、扉が閉まったらお辞儀をします。見えなくなるまでお見送りをし、見えなくなる寸前にもう一度お辞儀をすると丁重なお見送りになります。いざという時のために、できるようにしておきましょう。

名刺交換

ビジネスシーンで初めて会う人と行う行為が、あいさつと名刺交換です。職場によっては、名刺が支給されない場合もありますが、お客様から名刺をもらったり、預かることがあるので基本を押さえておきましょう。

特に日本では、名刺はその人自身を表すととらえられている場合が多く、折れたり汚れたりした名刺を出すことや、受け取った名刺をただの紙切れのように扱う行為はマナー違反と取られます。第一印象を左右する、ビジネスシーンでの大事な一歩でもあります。

名刺は財布や定期入れを兼用せず、名刺入れを使用します。訪問時などの場合、男性はジャケットやシャツの胸ポケットに、女性はバッグに入れておき、あいさつをする場面ですぐ出せるようにしておきましょう。

> **POINT** 名刺交換時に気をつけたいこと
> 1 基本的な名刺の持ち方は相手が読める向きで出す
> 2 訪問者・目下から名刺を出す
> 3 複数名での名刺交換の場合は、役職の上から順番に交換する
>   ※名刺交換には、一人ずつ順番に交換する方法と二人が同時に交換する方法がありますが、近年では同時に交換することが一般的です。

●立ち姿勢で、あいさつをする

　座ったままや、机やテーブルをはさんでの名刺交換もマナー違反です。訪問者または目下の者から先に出すようにしましょう。

●相手の目を見て、会社名、名前をフルネームで名乗り渡す

　相手が読める向きにし、胸の高さで渡します。

　例：「○○会社、○○○○（フルネーム）と申します。よろしくお願いいたします」

●両手で相手の名刺を受け取り、「○○様（さんでも可）ですね」と相手の名前を確認する

　読めない場合は、「失礼ですが、どのようにお読みするのですか」と尋ねましょう。

①名刺がない場合

ⅰ．「わたくし、○○会社、○○部の○○○○と申します。よろしくお願いいたします」

ⅱ．相手が自己紹介をし、両手で受け取り、胸前に持ってきて、相手の名前を確認します。

②名刺の置き方

打ち合わせが終わるまでは、名刺は以下の形で机の上に出しておきましょう。

　１枚なら名刺入れの上に置く　　　　　　複数枚の場合、役職順に置く

打ち合わせがひと段落ついたら、名刺入れにしまいましょう。

5　電話応対

5　電話応対

 電話応対の基本姿勢

　家庭やプライベートでは固定電話の利用が激減してしまった現代ですが、ビジネスシーンではまだまだ多く使われています。相手が見えない電話では、電話での応対が、その会社の印象を決定づける要因であることは間違いありません。

　電話応対を専門とする部署がある通信販売の会社では、個々のPC画面の横に鏡が置かれ、常に笑顔での対応をしているところもあるほどです。配置された職場によっては、自分の机に電話がある人、作業中に電話に出ることがたまにはある人、電話に全く出ることがない人と職種によってさまざまですが、社会人としてできて当たり前とされる電話応対です。昨今は、携帯電話を個々人に持たせる企業もあるので、しっかりと対応できるように、まずは基本を押さえておきましょう。

　会社の電話の機能（特に保留ボタン、内線短縮キー、発信方法など）、社内の部署名と内線番号などは事前に確認しておく必要があります。また、それぞれの会社、施設、組織によって独自のルールが存在する場合もあるので、先輩に確認することも必要です。

 電話応対の心構え

●姿勢を正す

　テレビ電話やスカイプなど映像を伴う電話機能も増えてきましたが、電話は一般的には声のみのコミュニケーションです。プロの電話オペレーターは、普段話す声より3トーン高い声を出す訓練をしています。電話に出る時は、2トーン（せめて1トーン）高めの声を出せるような意識が必要です。

ハキハキと明るい声を相手に届けるためには、丸まった姿勢では喉も詰まるため、聞こえやすい声が出ません。背筋を伸ばし、はっきりとした発音、発声で歯切れよく話します。表情は声に出てしまい、相手に伝わるので、笑顔と「えごえ（笑声）」で、声に表情を持たせた第一声を相手に届ける意識を持ちます。

● 正確・迅速・簡潔に

　記録に残せない電話での会話だからこそ、正確に相手に伝えなければいけません。また電話は有料でもあり、かけた相手の時間を占領するものでもあるため、要点をまとめて迅速かつ簡潔に用件を伝える必要があります。とはいえ、早口で一方的に話したり、相手の都合を無視したりすることがないような気遣いも必要です。電話をかけた場合は「○○の件でお電話いたしましたが、今お時間よろしいでしょうか」と尋ねます。

● メモを取り、復唱をする

　電話に出る場合は、必ずメモと筆記用具を用意して出るようにします。電話の内容を正確に把握するためにもメモを取り、復唱して相手と内容の確認をします。

　最初はメモを取るだけでも大変なことです。名前はカタカナで、役職名はアルファベットで部長ならB、課長ならKなどと、略して書けるよう自分の法則を作るのも一案です。

● 「ながら電話」はしない

　電話の集音部の性能は、4メートル四方の音を拾うと言われています。つまり、話し手の周りの音を相手に伝えてしまうのです。キーボードを打つ音、紙をめくる音、ボールペンのカチカチする音などが相手に聞こえているのです。

　電話対応をしている人の後ろでは、話している声や笑い声までが聞こえてしまうので、注意が必要です。

● 注意すべき言葉

　電話番号や時間、日にちなど数字を伝える場合、「1（イチ）」と「7（シチ）」など聞き間違い

が起きやすい数字は言い換えるなどします。例えば、「17日」なら「じゅうなな にちの木曜日」と曜日まで伝えることで間違いが避けられます。

　「折り返し」という言葉も電話対応ではよく聞かれますが、相手によって「折り返し」の長さの感覚が異なるため、避けたい言葉です。また、「もしもし」という言葉もビジネスでの電話では、相手の声が聞き取りづらい時のみ使用します。電話での最初の言葉は、自分の会社名、名前を言うことから始め、「もしもし」は使用しません。

電話応対の苦情ワースト6とその対応

① 電話がつながらない ――→ 基本は3コール以内に出る
② サービス精神が欠如 ――→ 応対が機械的、マニュアル的にならないように注意する
③ 仕事の内容を理解していない → 口頭だけでは限界がある、FAXやメールも駆使
④ 伝言が伝わらない ――→ 要点をメモにきちんとまとめる
⑤ 約束が守られない ――→ 相手に正確に伝わるよう注意する
⑥ 暗い声 ――→ 第一声は、いつもより2トーン上げる

 # 電話の受け方の基本

　職場にかかってきた電話に出るということは、法人の代表として電話に出ているということを忘れないでください。電話に出たスタッフがベテラン社員なのか、入社直後の新人なのか、先方には関係ないことなのです。相手が安心できる対応をするためにも、電話の受け方の基本を見ていきましょう。

●3コール以内に出る

　メモと筆記用具を用意しておきましょう。相手を待たせないことが基本ですが、可能な限り3コール以内に出るようにし、「（11時頃まで）おはようございます、〇〇会社（法人名）〇〇でございます」と伝えましょう。

　もし待たせてしまったら、「大変お待たせいたしました。〇〇会社〇〇でございます」と詫びる表情を声に乗せて伝えましょう。

　内線電話の場合は、「〇〇（部署名）の〇〇でございます」と伝えます。

●相手を確認する

　ビジネスの電話では名乗るのが通常なので、相手が名乗ったら、「○○会社の○○様ですね。いつもお世話になっております」と復唱します。

　名乗らない場合は、「失礼ですがどちら様ですか」と尋ねましょう。

●名指し人を確認する

　相手が誰宛てに電話をしてきたのか、「はい、○○部主任の○○でございますね。ただいまおつなぎしますので、お待ちいただいてもよろしいでしょうか」と確認しましょう。

　名指し人が不在の場合は、以下の点に注意しましょう。

　①相手に選択肢をゆだねる

　　「はい、○○部主任の○○でございますね。あいにく月曜日まで出張中ですが、いかがいたしましょうか」と尋ねましょう。

　②伝言を預かる

　　「はい、○○部主任の○○は、あいにく外出しております。よろしければ、ご用件を承りましょうか」と伝えましょう。

●保留にして取り次ぐ

　名指し人へは、「お疲れさまです、○○主任。○○会社の○○様よりお電話です。お願いいたします」と取り次ぎましょう。

 電話のかけ方の基本

　仕事を始めた当初は、電話をかけることは少ないかもしれませんが、すぐにお客様や社内の人にも業務に関わる電話をする機会が増えていきます。相手の状況が見えない電話だからこそ、忙しい時間帯（朝始業直後、夕方終業間際、昼食時間中）など相手への配慮を感じさせる電話ができるようになりましょう。

　電話をかける前に、相手に確認したい内容を整理し、メモを用意してから電話しましょう。

　電話をかけたら、明るい声でハキハキと話します。

　基本はかけた方が先に電話を切りますが、お客様や目上の方の場合、相手が切るのを待ちます。固定電話の場合は、相手に「ガチャ」という音が聞こえないよう受話器を直接置かず指で切る癖をつけましょう。

電話の受け方・かけ方の例

〈外線電話〉

受け手	かけ手
①電話が鳴ったらすぐに出る ②受話器を取ったら名乗る 「おはようございます（お電話ありがとうございます）。 ○○会社○○でございます」	①電話をかける前に用件を整理するなど準備 ②名乗り、あいさつをする 「おはようございます（お世話になります）。わたくし、○○会社○○でございます。いつもお世話になっております。」 （初めて電話をする会社の場合） 「わたくし、○○会社の○○と申します」
③相手を確認する 「○○会社の○○様ですね。いつもお世話になっております」	③取り次ぎを依頼する 「お忙しいところ申し訳ございませんが、○○部の○○様はいらっしゃいますでしょうか」
④取り次ぐ 「はい、○○部の○○でございますね。確認いたしますので、しばらくお待ちいただいてもよろしいでしょうか」	④相手が出たら改めてあいさつをし用件を伝える 「わたくし、○○会社○○でございます。いつもお世話になっております」 「○○の件でお電話いたしました。ただいまお時間よろしいでしょうか」
	⑤お礼を言う 「お忙しい中、お時間をいただきありがとうございました」

〈内線電話〉

内線電話の受け手（名指し人）	内線電話のかけ手
①名乗る 「お疲れさまです。○○部○○です」	①内線でつなぎ、名乗る 「お疲れさまです。○○部の○○です」
②お礼を言う 「ありがとうございます」	②外線をつなぐ旨を伝え、つなぐ 「○○会社の○○様からお電話です。お願いいたします」

不在時の対応例

〈外線からの電話〉

受け手（自分）	かけ手（外部のお客様）
①電話が鳴ったらすぐに出る ②受話器を取ったら名乗る 「おはようございます（お電話ありがとうございます）。 ○○会社○○でございます」	①電話をかける前に用件を整理するなど準備
	②名乗り、あいさつをする 「おはようございます（お世話になります）。わたくし、○○会社○○でございます。いつもお世話になっております」
③相手を確認する 「○○会社の○○様ですね。いつもお世話になっております」	
	③取り次ぎを依頼する 「お忙しいところ申し訳ございませんが、○○部の○○様はいらっしゃいますでしょうか」
④取り次ぐ 「はい、○○部の○○でございますね。確認いたしますので、しばらくお待ちいただいてもよろしいでしょうか」	
	④お礼を言う 「ありがとうございます」
⑤不在を詫びる 「○○様、お待たせいたしました。あいにく○○は本日外出しており、15時ごろには戻る予定です。いかがいたしましょうか」	
	⑤伝言を頼む 「そうですか。では、戻られましたらお電話をいただけるようにお伝え願えますか」
⑥伝言を預かる 「はい、かしこまりました。○○が戻りましたら、申し伝えます。念のため、お電話番号をお伺いしてもよろしいでしょうか」	相手の電話番号を聞くとき、「念のため」と言うとスムーズに番号を言ってくれることが多いので覚えておきましょう
⑦復唱する 「ありがとうございます。復唱いたします。○○○-○○○○ですね」	⑥電話番号を伝える 「はい、申し上げます。○○○-○○○○です」
	⑦お礼を言う 「ありがとうございます。よろしくお願いします」
⑧終わりのあいさつをする 「わたくし、○○が承りました。お電話ありがとうございました。失礼いたします」	
	⑧終わりのあいさつをする 「失礼いたします」

伝言メモ

自分なりの伝言メモを用意しておくと便利です。

伝言メモ　　　　　　　　　　　　　　　　　　　　　　　　　　受

○○部長　○○事務長　○○主任 ＿＿＿＿＿＿＿＿＿さん　宛
月　　日　　AM・PM　　　：
様　より
□電話がありました □電話をいただきたい　　　内線 　外線　　　　　　－　　　　　　－ □もう一度電話します（　　　　月　　　日　　　時　　　分ごろ） □来訪されました
次のようにお伝えしました 　　□打ち合わせ中　　□離席中　　□電話中 　　□昼食中　　　　□外出中・立ち寄り（　　時頃帰社） 　　□休務　　　　　□出張中　　□接客中
ご伝言

 # 携帯電話のマナー

　携帯電話は手軽で便利な連絡手段のツールですが、受け手にとって迷惑がかかる場合もあることを十分に認識して使う必要があります。固定電話にかけるとき以上に、時間帯や内容の緊急性、適切度などといった配慮が求められます。

　携帯電話のマナーは、基本的に固定電話のマナーと同じですが、プライベートで使用する電話とは異なるため、特に次のようなことに気をつけるようにしましょう。

●職場ではマナーモードにしておく

職場で着信音が鳴ることは、マナー違反です。緊急の連絡が入ってくる場合でも、マナーモードにしておくことが、常識です。留守番電話機能を使用し、プライベートの電話の場合は、休憩時間中にかけ直すようにします。

また、客先への訪問時や面談、会議中もマナーモードにしておき、緊急の用件以外は出ません。緊急の電話が入ってしまった場合は、「失礼します」と断ってから部屋の外や廊下で人の通らないところで話します。用件は手短に済ませ、「失礼しました」と部屋に戻るようにします。

●職場の外での通話に注意する

自分では小声で話しているつもりでも、周囲に会話の内容が漏れてしまうので、仕事に関わる内容を話すときは、周囲に十分気を配ります。会社名、人の名前、悪口、病歴などは特に気をつけます。

●非通知でかけない

携帯電話では非通知設定機能もありますが、仕事では非通知でかけることは失礼にあたります。

●携帯電話を時計代わりにしない

事あるごとに携帯電話を確認する人が多くなりました。SNS などさまざまな情報が次から次へと入ってくる携帯電話ですが、たびたび見ている理由を、「時間を確認している」という人もいます。しかし、仕事場で頻繁に携帯電話を見ている人は周囲から不快に思われています。時計が必要であれば、腕時計をしましょう。

●一般的な勤務時間内にかける

緊急の場合以外、早朝や夜間、休日にはかけません。午前9時前と午後8時以降、また休日や祝祭日の携帯電話連絡は、極力控えます。緊急でかけなくてはいけない場合は、「夜分に（朝早くに、休日に）申し訳ございません」とひと言添えて連絡をします。

6　電子メールとファクシミリの基本

6　電子メールと
ファクシミリの基本

　電子メール
の基本

　現代のビジネス現場では電子メール（以下、メール）がコミュニケーションツールの主役となっていますが、歴史が浅いためまだまだ細かなルールやマナーが確立していない一面もあります。ただ、仕事で利用するのですから、LINEのような用件のみというわけにはいきません。手紙やファクシミリ（以下、FAX）よりも形式ばらないメールですが、電話とは異なり音声による微妙なニュアンスが上手に伝わらないこともあります。相手に不快な思いをさせないように、基本的な使用方法を身に付けましょう。

●件名で用件をわかりやすくする
　件名（Subject）は、具体的に内容がわかるよう簡潔なものにします。相手によっては、1日に何百通ものメールを受信する方もいるので、この件名がなかったり、具体性に乏しいものであると、見落としたり後回しになったりすることもあります。

①【連絡】11月2日（火）定例企画会議開催
　件名を「会議の連絡」とはせず、【　】などを使い（確認、報告、案内など）連絡の趣旨を明確にして、会議等であれば日程や会議名を書くことでわかりやすくします。
②昨日23日、打ち合わせ御礼（○○会社・山田）
　打ち合わせ等軽めのお礼などのメールを送るときに「ありがとうございました」などの「御礼」を件名にすると、誰からのメールかはっきりとしないため、（　）などで会社名と名前を入れます。

③○○業務スケジュールの確認（○○部・土田）

　件名を「スケジュール」だけにせず、業務名やプロジェクト名など、何の業務内容の件でメールをしているかがわかるようにします。

●時候のあいさつ、頭語、結語は省略する

　手紙のような儀礼的な時候のあいさつ、「拝啓─敬具」などの頭語、結語はメールでは省略しても失礼ではありません。本文の最初は、「○○株式会社・○○○○様」や「○○様」と宛名を書き、用件に入ります。宛名は、略さずきちんとフルネームを入力し、（株）などと略式ではしません。

　また、社外へのメールの場合、「いつもお世話になっております」などの簡単なあいさつを書き、社内メールの場合、「お疲れさまです」などと入れるのが一般的です。

【書き出しの定番】

「いつもお世話になっております」

「お電話で失礼いたしました」

「ご無沙汰しております」

「先日はありがとうございました」

「このたびはご協力ありがとうございます」

「本日はご足労いただきありがとうございました」

【結びの定番】

「ご検討のほど、よろしくお願いいたします」

「ご参加いただけますようお願い申し上げます」

「今後ともよろしくお願いいたします」

「まずは用件のみご連絡いたします」

「略儀ながら、まずはお礼かたがたメールいたしました」

●用件は簡潔に

　「1メール1用件」が基本ですが、複数件をメールで送る時は「3件の確認をお願いいたしたくメールしました」というように明記し、1）、2）、3）と箇条書きにすると、相手の確認漏れが防げます。

●メールの返信期限は 24 時間以内がマナー

　いつでもどこへでも連絡できるのがメールの利点だからこそ、24 時間以内に返信を送ります。1 日最低 2 回はメールをチェックし、回答が遅くなるようであれば返答できる日程を添えて返信することで、受け取ったことを相手に知らせます。

●本文は 1 行 30 文字以内で改行

　携帯電話でメールを送ることが学生時代は多いのですが、社会人はパソコンでメールを読むのが一般的です。パソコン画面では、1 行 30 文字が適切です。また、一般的には 1 スクロールにまとめますが、長文になっても 40 行（約 2 スクロール）と覚えておきましょう。

　1 行 30 文字以内とはいうものの、それにこだわりすぎ相手の会社名、名前、商品名などが行またぎになるのは失礼です。その他にも、数字、日付、時間も行をまたぐと、読み間違いを起こしやすいので、改行の作業を忘れずに行います。

その他にも、知っていると便利な言葉

お礼の言葉

　　ありがとうございます（1 通のメールに 3 回程度まで。多用しない）

　　（早々に）ご連絡ありがとうございます

依頼の言葉

　　○○をお願いいたしたく、ご連絡差し上げました

　　○○のご相談に、1 時間ほどお時間をいただけないでしょうか（いただけませんでしょうか）

お詫びの言葉

　　あしからずご容赦いただけますようお願い申し上げます

　　何卒ご了承くださいませ

　　今回はご期待に添えず、誠に申し訳ございません

その他

　　承知いたしました（わかりました、了解しました、は素っ気ないので使わない）

ビジネスメールの基本構成

ビジネスメール文書の例

```
❶宛先：  ○○○○様＜○○○○@○○.com＞
❷CC  ：  鈴木○○・総務＜○○ Suzuki@shonanfacility.co.jp＞
❸件名：  面談の日程について（湘南施設・山本）

    株式会社○○
❹  企画部　課長　○○○○様

❺いつもお世話になっております。湘南施設の山本でございます。

❻昨日、お問い合わせいただきました面談の日程をご連絡いたします。
  ●日時：5月10日（水）　10：30～11：30
  ●場所：湘南施設　1階会議室

  総務部長の鈴木も同席いたします。ご都合がつかないようでしたら改めて日程の調整をいたしますので、ご連絡願います。
❼ご検討のほど、よろしくお願いいたします。

❽○△○△○△○△○△○△○△○△○△○△○△○△△
  湘南施設
  〒123-4567　神奈川県○○市○○町 1-1-1
  TEL：045-123-1234　FAX：045-123-2345
  総務部　山本○○
  Mail：○○ Yamamoto@shonanfacility.co.jp
  ○△○△○△○△○△○△○△○△○△○△○△○△△
```

❶宛先		アドレス帳に登録した名前で表示されるので事前に「様」を付けておく
❷CC		情報共有しておきたい人を入れる
❸件名		主旨が伝わりやすい具体的な件名にする
❹宛名		会社名、所属部署、肩書、氏名などを2行程度で入れ、名前に「様」を付ける
❺書き出し		あいさつと名乗り 時候のあいさつは省略する
❻本題		用件、結論を先に書き、わかりやすく端的にまとめる 1行に25～30文字程度で、1スクロール以内にまとめる
❼末文		結びのあいさつ
❽署名		社名、住所、電話番号、FAX番号、所属、氏名 模様は、特にこだわらない

6　電子メールとファクシミリの基本

ファクシミリの基本

　FAXは、電話やメールと同様にビジネス現場ではよく利用されているコミュニケーションツールです。メールが普及するまでは、ほぼ急ぎの文書での連絡はFAXが担っていましたが、最近ではメールが主流になりつつあります。書面を急ぎ確認する必要がある場合に、まずFAXで送り、その後郵便や宅配便で送ることもあります。ビジネスの現場では、FAXを使用する場面も多いので、FAXのやりとりにおけるビジネスマナーを押さえておきましょう。

●送信する際は必ず「表書き」を付ける

　FAXを送信するときは、次ページの「FAX送信書」のフォーマットのように「表書き」を添付します。不特定多数の人間が働く職場では、複合機の前を通りかかった人がFAXの受信に気づいて手に取り、宛名に書かれた担当者に渡すのが一般的です。その時、社内の誰に、どんな用件で送られてきたかがわからないと、場合によっては書類が手元に届くまでに時間を要したり、そのまま破棄される恐れもあります。必ずFAXには表書きを付けて送りましょう。

●送信する文書にはページ番号をふる

　表書きに文書の枚数を明記するだけでなく、それぞれの文書にもページ番号をふって各ページの右下に表示します。例えば、表書き以外の本文が3枚なら、1/3、2/3、3/3のように分数で表記するとわかりやすくなります。また、送信するページ数が5枚以上と大量な場合は、事前に連絡をしておくことが大切です。先方の職場の他の担当者がFAXで送信や受信のやりとりをしているかもしれません。気をつけるようにしましょう。

●個人情報や機密情報は送らない

　FAXは、書類を見てほしい相手が直接受け取るとは限りません。送信先の人が外出中で席を外している場合など、不特定多数の人の目に触れる可能性があります。送信する文書が他者に見られても問題のない場合のみ利用しましょう。

●送受信の確認を行う

　FAX機には、一般的に送信が完了したか確認できる機能が付いていますので、相手の番号、送信枚数などと共に、送信が行われたことを確認します。また、確実に相手に送信しなければならない重要文書に関しては、受信できているかの確認を含め相手に電話で連絡しましょう。

ファクシミリの基本構成

FAX 送信書の例

FAX 送信書

TO：○○○○株式会社
　　　営業部　第一営業課
　　　課　長　○○○○様
FAX：03-0000-0000

送信枚数：本状を含み　2枚

件名：消耗品発注書
　いつもお世話になります。
　来月分の消耗品発注書をお送りします。ご確認の上、ご手配のほどよろしくお願いいたします。

DATE：2019年6月25日
FROM：社会福祉法人○○会
　　　　施設部　サービス課
　　　　主　任　○○○○
TEL：03-3333-3333
FAX：03-3333-4444

> 表書きには相手のFAX番号を記載します。送信時に再度確認し、誤送信を防ぐためです。

> FAX機によっては、文字が見づらく不鮮明な書類が送られてしまうことも少なくありません。送信する前には、文字の大きさにも配慮します。

> 書式をフォーマット化して用意しておくと便利です。

page 1/2

6　電子メールとファクシミリの基本

7 クレームや問い合わせの対応

7　クレームや問い合わせの対応

クレーム、苦情が起こる要因

　今までマナーに関する事柄を見てきましたが、ここでは苦情への対応を少し考えてみたいと思います。本来ならばクレームや苦情は起きないことが一番ですが、「人間は感情の動物」と言われるように、時に感情に任せ人を攻撃してしまうこともあるのです。

　本来マナーとは、他人を不快にさせない気持ち・行動・言葉遣いと説明してきました。誰しも相手を不快にさせたくて、何らかの行為をする人はいないと思います。相手の感情の襞(ひだ)にふれてしまう、そんなときがあることを知っておきましょう。

　クレームや苦情の対応は、管理職やマネージャーだけがすべきだと思われがちですが、ちょっとした小さな行き違いが、大きな火事になってしまうかどうかは、実は「一次対応者」（一番最初に接した人）が鍵を握っています。ということは、誰でもこの「一次対応者」になり得るということです。

1　事前期待と事後評価

　私たちは生活している中で何かしら相手に期待します。言葉を変えると「このくらいはするだろう」、「きれいで当たり前だろう」、「これだけ払うんだから、おいしいだろう」などと勝手に期待や願望を抱いてしまいます。これを「事前期待」と言います。それに対して、行ったり、見たりした体験の結果が、事前期待より大きいか、描いた通りか、小さいかと判断するのが「事後評価」です。

クレームの構造

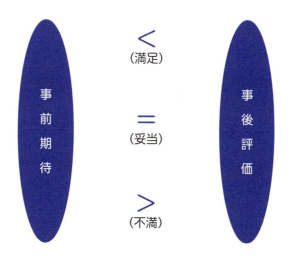

2 クレームや苦情はお客様の声

　「事前期待」より「事後評価」が大きい場合は、「さすが」、「やっぱり○○さんだからね」、「想像していた以上だった」と、褒め言葉をもらうことができるでしょう。しかし、「事前期待」より「事後評価」が小さいと、不快感を抱かれたり、苦情を言われたりすることがあります。

　日本人はあまり不平不満を直接相手には言わず、無言のままその店を使わなくなったり、そのブランドの商品を買わなくなったりすることが多いと言われていました。しかし、世の中のサービスレベルが上がり始めた2000年代頃からは、一人ひとりの顧客意識（自分は客だという意識）が強くなり、クレームや苦情を主張する傾向が強くなったと言われています。この顧客意識が強くなることで、「事前期待」と「事後評価」のレベルが自然に上がってしまいました。ということは、満足するレベルが高くなり、妥当の評価が厳しくなり、不満を感じることが多くなっているのが現状です。

　また、インターネット社会になり、「クチコミ」など、誰もが自由に評価を書き込むことができるようになったという背景もあり、その人その人の価値観に沿った意見が人の目に多くふれるようになりました。少し乱暴な言い方をすると、勝手な個人の意見が、クレームや苦情と混同してしまったのです。例えば個人の意見として代表的なのが、「おいしかった・まずかった」、「暑かった・寒かった」、「楽しかった・つまらなかった」、「優しかった・怖かった」などで、その人がどのように感じたかという主観が意見として出てきています。しかし、だからといって無視していいというわけではありません。これも貴重な意見なのです。サービスを提供する現場で起こるクレームや苦情の大半が、お客様の意見である場合が多いということです。

●相手を怒らせる要因

①「私には関係ない」という態度をとる

　相手が言ってきた内容を聞いて、「私」ではない別の人や他部署の問題であるとき、自分の身に火の粉がかかってこないように、誰しも逃げたいと思うのが心理です。事実がどうであるのかわからない状態ですが、少なくとも目の前の相手が怒っている、不快感を示しているにもかかわらず、受け手側に逃げの態勢が見えると余計に腹が立つものです。

②相手を否定する・責める

　よくあるクレームに「言った、言わない」、「伝えた、伝えていない」ということがあります。伝えているはずのことでも、聞いていなかったとクレームになることがよくあります。ここで「言ったはずです」とか、「そんなはずはないんですが…」と相手を否定したり、責めたりする応え方はしないようにします。「でも」、「だって」も禁句です。

③クレームにカッとする

　声を荒らげてクレームを訴えられると、こちらもついつい苛立ち、売り言葉に買い言葉でカッとなるかもしれません。しかし相手の怒りをいかに静めるかが一番大切。ここでは、冷静になり、不快な思いをさせてしまったことを丁寧に詫びます。

④たらい回しにする

　クレームを受けている側は、たらい回しにしているつもりはないのですが、怒っている方の話の内容から十分に状況を把握できず、想定される担当部署につながるまで結果的にたらい回しになってしまうことが多々あります。また、引き継ぐときに十分に事情を伝えきれていないため、何度も同じことを伝えなくてはいけないなど相手の感情を逆なでしてしまうこともあります。特に電話の場合、待たせることで相手のイライラが募ることもあるので、「急ぎ調査いたしましてご連絡申し上げます」と、時間をおくことも一案です。

⑤スタッフなど周りの人の態度

　対面しているとき、周りのスタッフの態度にも注意が必要です。クレームを受けているであろう人の横を笑いながら通り過ぎたり、プライベートな話をしながら仕事をしていたり、関係のないことで相手の怒りが倍増することがあります。そのためにも、対応時の場所選びにも気をつけましょう。

まずすべき行動

　お客様からこれらの意見があったときに、「一次対応者」としてどのように対応しなくてはいけないのかを見ていきましょう。

●丁寧に詫びる

　原因がどちらにあるかはさておき、まずは謝ります。ただ「申し訳ありませんでした」ではなく、「ご不快な思いをさせてしまい…」、「ご迷惑をおかけし…」、「ご満足をいただけなかったこと…」と相手が不快に思ったことなどに対して丁寧に謝ります。「申し訳ありませんでした」を不用意に繰り返すと、ただ反射的に言葉だけで謝っているように感じられてしまい、不信感を募らせることにもなります。「そうですね」などと共感を示したり、「ご指摘ありがとうございます」などと感謝の言葉も添えるようにします。

　自分がしたことではなくても、人のせいにしたりせず、ここでは法人を代表して謝ることが必要です。

●相手の話を最後まで聴く

　ただ単に聞くだけではなく、メモを取ったりして話を最後まで聴きます。必要に応じ、相づちを打ったり、「おっしゃる通りですね」など真剣に聴いていることを相手に伝えます。事実と違う（違いそうな）ことを言われても、話をさえぎらず最後まで聴きます。

　相手の話をしっかり聴くことを「積極的傾聴」といい、自分が必死に話しているにもかかわらず、相手が上の空であったり、携帯を触りながら聞いていたり、きちんと聞いてもらえない経験が誰しもあるはずです。

　そのようなとき、あなたはどのように感じますか。また逆に、しっかりと聴いてもらえると、どんどん話が弾む経験もしたことがあるはずです。積極的傾聴により、この人は自分のことをわかってくれている、味方なんだと感じることで、先方の気持ちも変わってくるのです。

傾聴時の姿勢

・**関心を伝える合図** ………… 前傾姿勢になる・正対する・手足を組まない・うなずく・相づちを打つ

・**話を進める合図** ………… 話題の一部を繰り返す・質問をする

・**確かな理解を伝える合図** … 事柄や感情の反映をする・明確化する

●反論、言い訳、相手を責めることは言わない

　「でも」、「といっても」、「そんなはずはないんですが…」も禁句です。反論したり、否定したりすると、余計に相手を怒らせることがあります。

7　クレームや問い合わせの対応　　**81**

●勝手に判断しない

必ず、上司に報告をしてから対応します。いつもあることだから、前はこうだったからと勝手に判断せずに、小さなことであっても、上司や上席者に報告をしてから対応することが必要です。

気をつけたい電話の対応

先方の「○○の件で…」という最初の言葉だけで早合点しないようにしましょう。電話を回した担当から、また別の担当に回すことになると先方が「たらい回し」されたと感じ、トラブルが大きくなることがあります。

先方の話を最後まで聴き、「○○の件で、○○に関してのお問い合わせでいらっしゃいますね」と確認を取ってから電話を回すようにします。

その際に、問い合わせてきた方の名前、問い合わせ内容をかいつまんで伝えます。先方が電話の向こうで待っていることを意識し、保留時間が長くならないように、もう一度最初から先方が話さなくてもよいように内容を正確に端的に伝えて、担当部署につなぎます。

苦情やクレームの場合、同じように最後まで先方の話を聴いて、内容を復唱した上で、「急いで内容を確認（調査）しまして、お返事を申し上げるようにいたします」と伝えます。その際に何時ごろ、どこに連絡をすればよいのか、忘れずに確認します。その後は、すぐに上司、上席者、担当部署へ相談するようにしましょう。

82

立石 貴子（たていし たかこ）

青山学院大学英米文学科卒業後、音楽事務所を経て、国産カメラメーカーに勤務。

開業時のシェラトングランデトキョーベイ(浦安)に総料理長秘書として入社。

1990年ヨコハマ グランド インターコンチネンタル ホテルの開業準備、1994年ホテル インターコンチネンタル 東京ベイの開業準備に携わる。

1999年インターコンチネンタルホテルズ本部の研修を受講修了し、当時日本人3人目のマスタートレーナー資格を得て、ヨコハマ グランド インターコンチネンタル ホテル研修支配人となる。社内スタッフ育成及び外部企業の研修に従事。

2007年ホテル インターコンチネンタル 東京ベイに異動し、総支配人室研修担当部長として社内スタッフ研修プログラムの強化及び外部企業の研修に従事。

2013年4月より山梨学院大学現代ビジネス学部准教授。

2019年4月より同大学、経営学部(学部名称変更)教授。

2000年より新入社員研修から管理職、経営者に対しての研修や講演を全国約900社以上の企業や団体に行っている。

（2019年3月現在）

福祉の職場のマナーガイドブック

発　　行	平成31年3月29日　　初版　第1刷発行
著　　者	立石　貴子
発行者	野崎　吉康
発行所	社会福祉法人　全国社会福祉協議会
	〒100-8980　東京都千代田区霞が関3-3-2 新霞が関ビル
	電話　03-3581-9511
	振替　00160-5-38440
定　　価	本体　1,000円（税別）
印刷所	三報社印刷株式会社

ISBN978-4-7935-1315-2　C2036　￥1000E

禁複製